BRIGITTE ZIMMERMANN

SKANDI LØVE

TOPS & SHIRTS

SELBST GESTRICKT IN DEN GRÖSSEN 36–46

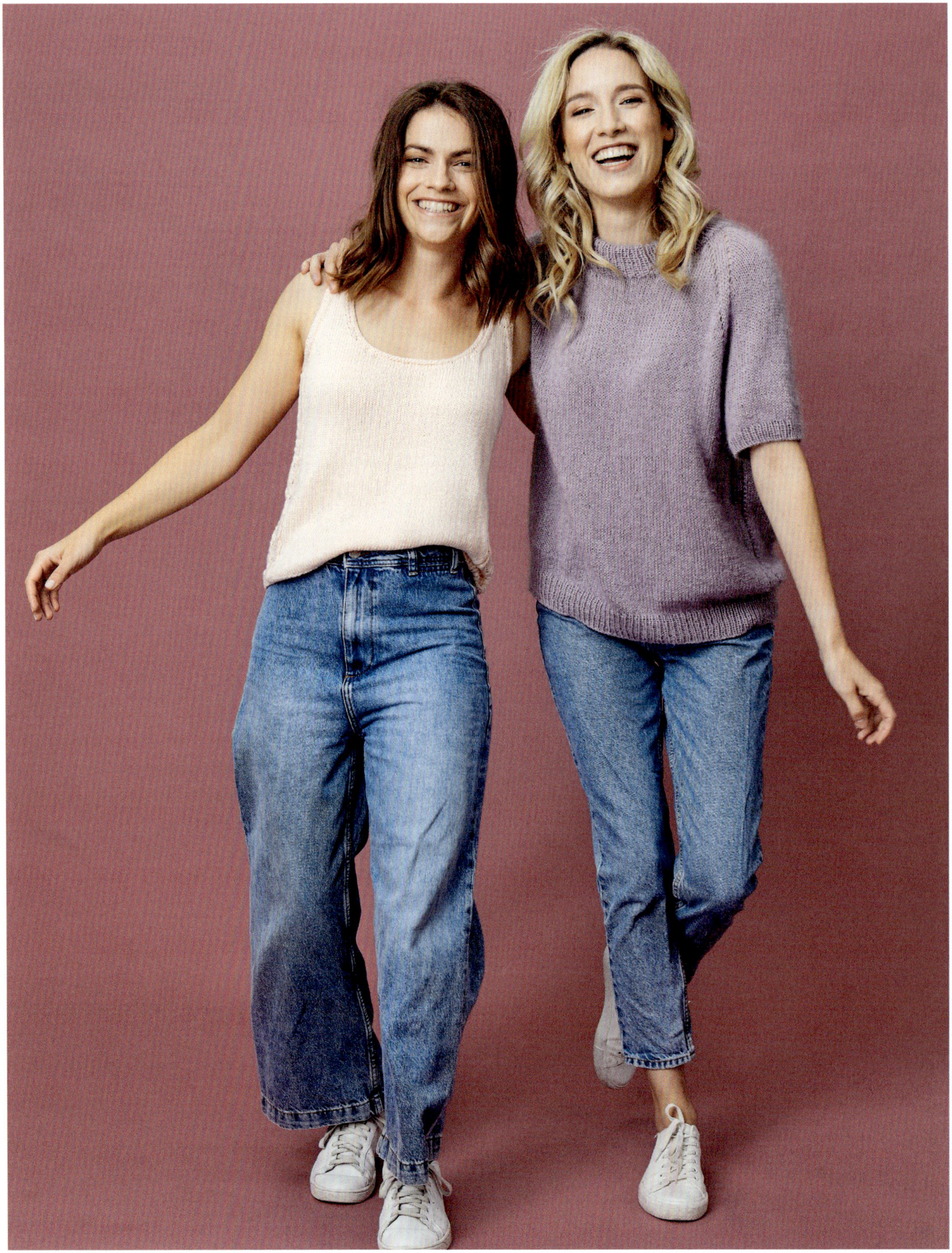

STRICKEN ist längst kein Hobby mehr nur für die kalte Jahreszeit! Egal, wohin wir schauen, Strickteile füllen zu allen Jahreszeiten die Regale in Geschäften und die Kleiderschränke.

Was liegt da näher, als Shirts und Tops zu entwerfen, die bei Sonnenschein im Park, im Garten oder vor einem Café sitzend gestrickt und getragen werden können?

So sind die reduziert skandinavischen Designs für dieses Buch entstanden. Einfache und anfängertaugliche Designs bis hin zu etwas herausfordernden Teilen – allesamt mit dem gewissen, aber immer dezenten, Etwas. Es gibt Shirts mit kleinen Ärmeln, die an kühleren Tagen etwas wärmen, aber auch Tops mit Spagettiträgern für sommerliche Temperaturen, die auch gerne einen Platz im Urlaubskoffer finden.

Einfach das Lieblingsprojekt aussuchen, ein sommerliches Lieblingsgarn wählen, einen Lieblingsplatz zum Stricken der neuen Sommermode finden und schon kann das Strickvergnügen starten.

Mein Tipp zum Schluss: Die Tops und Shirts lassen sich mit einem Shirt oder einer Bluse darunter auch richtig gut als Pullunder tragen!

Brigitte [illegible]

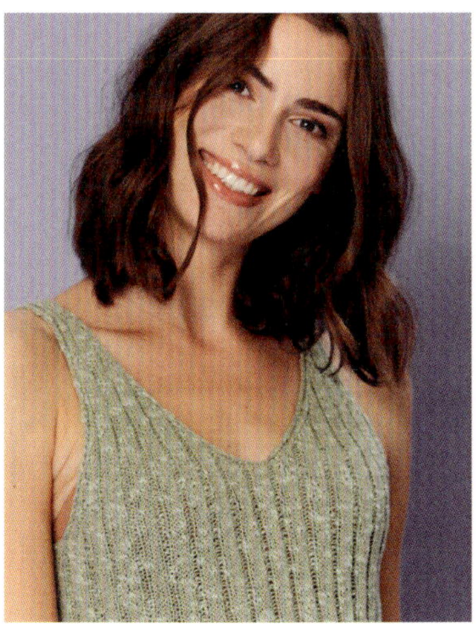

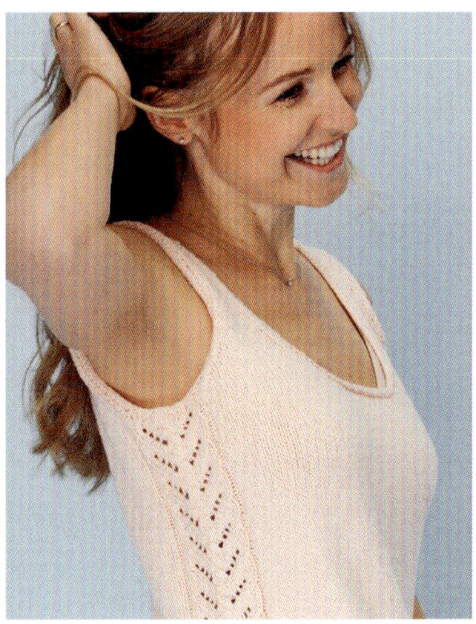

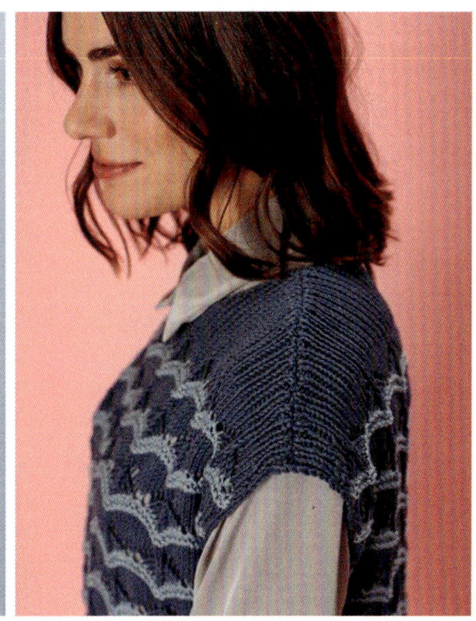

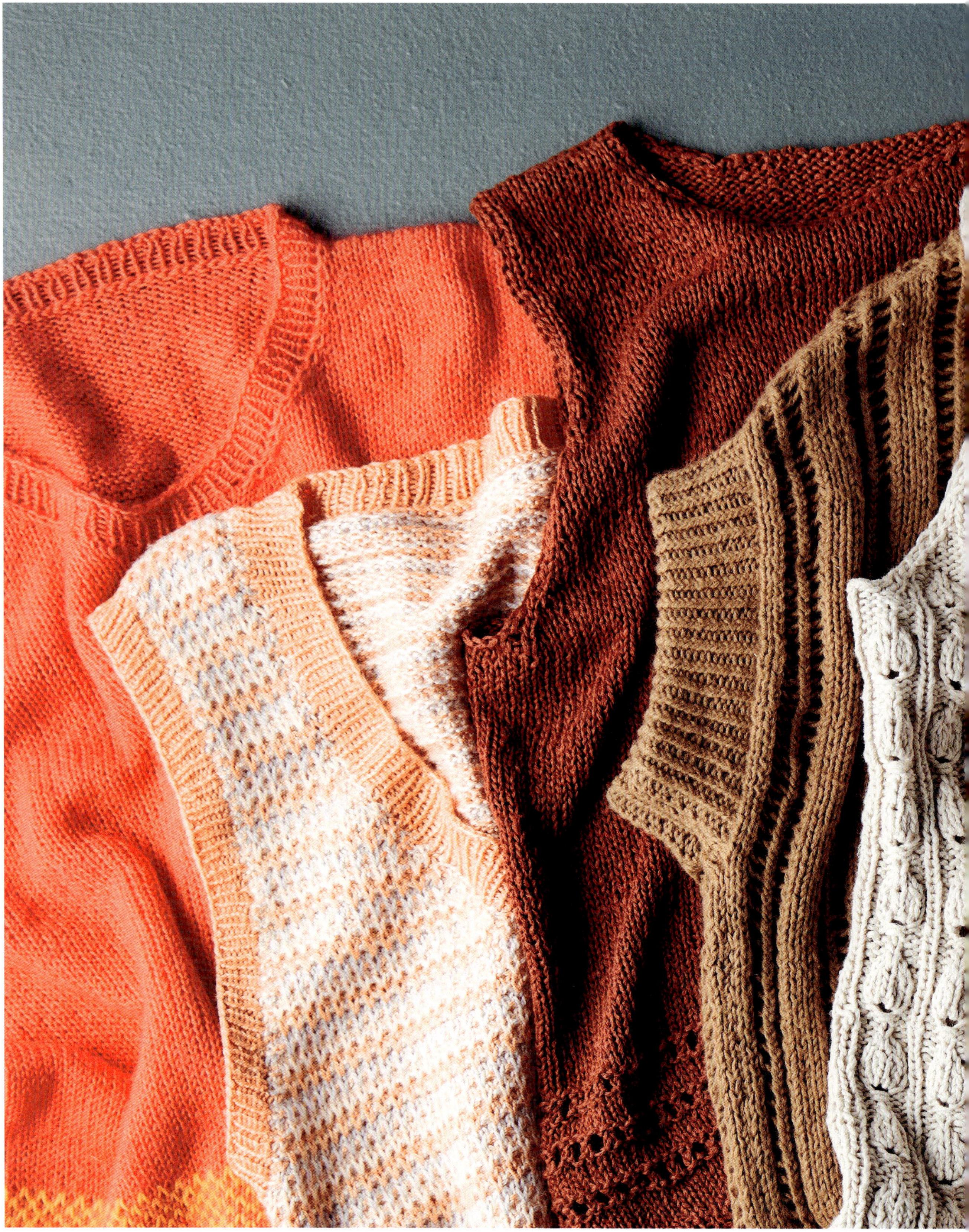

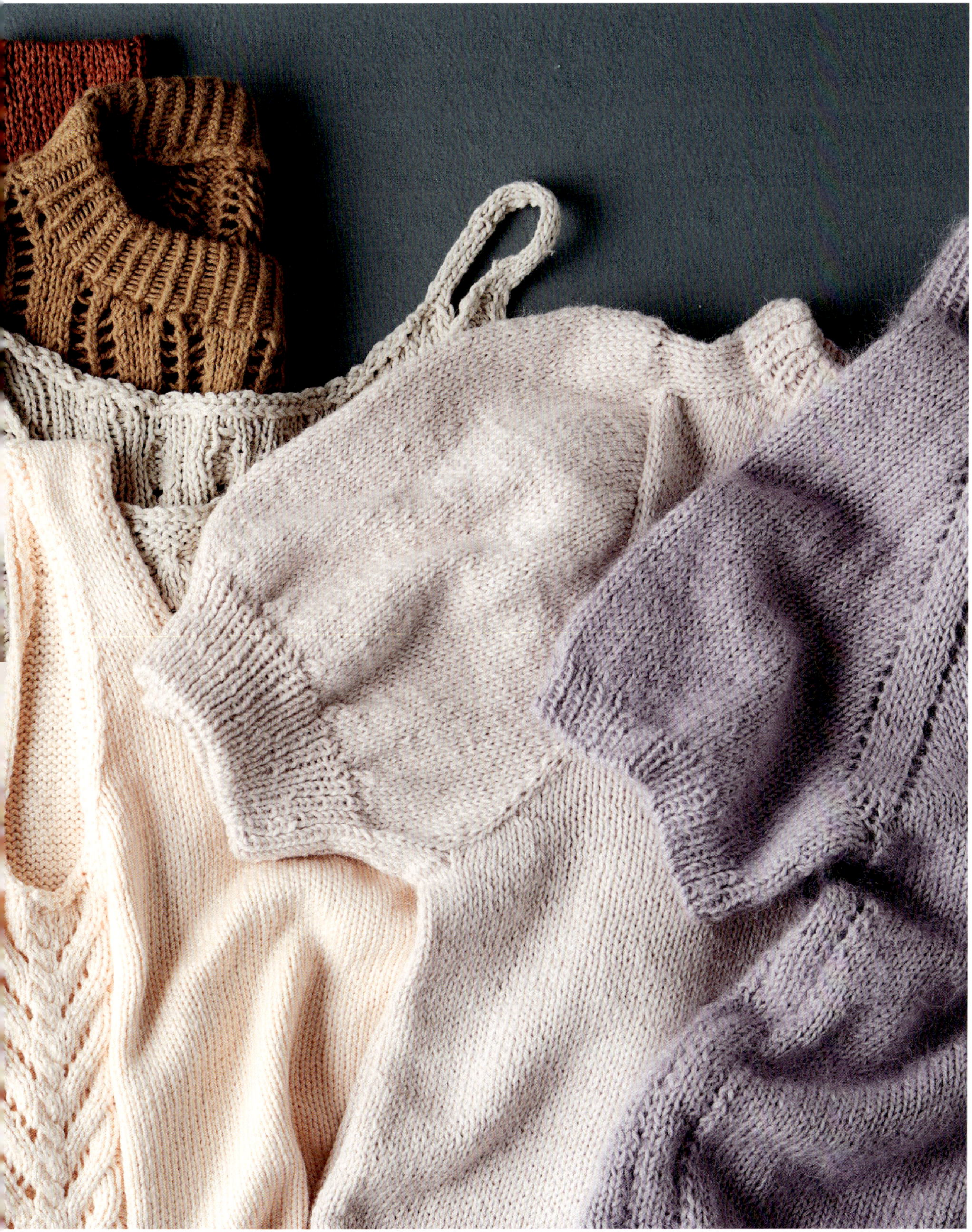

LEICHT & LUFTIG

SHIRT MIT LOCHMUSTERPASSE

GRÖSSEN

36-38/40-42/44-46
Die Angaben für die verschiedenen Größen sind durch Schrägstriche getrennt. Steht nur eine Angabe, so gilt diese für alle Größen.

MATERIAL

- Lana Grossa Alta Moda Cotolana (LL ca. 150 m/50 g) in Dunkelgrün (Fb 36), 250/300/300 g
- Rundstricknadel 4,0 mm, 60 cm, 80 cm und 100 cm lang
- optional: 1 Maschenmarkierer zum Markieren des Rundenwechsels
- 2 Hilfsnadeln (kurze Rundstricknadeln 4,0 mm oder kleiner)
- Wollnadel zum Vernähen

MASCHENPROBE

Glatt rechts mit Nd 4,0 mm
22 M und 28 Rd = 10 cm x 10 cm

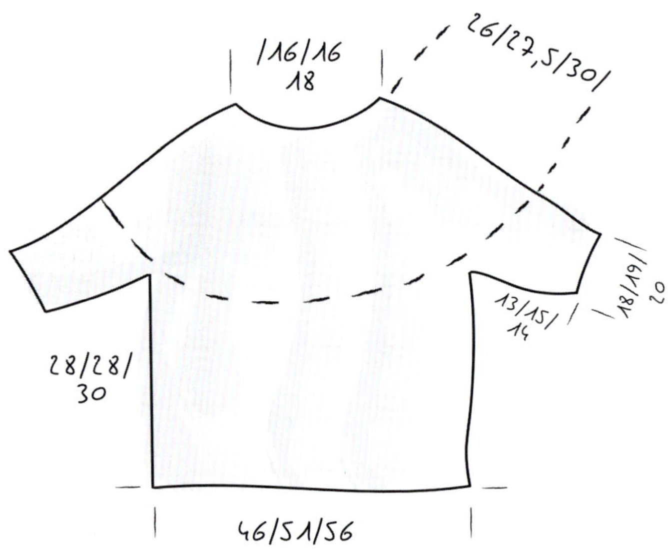

Alle Angaben in cm.

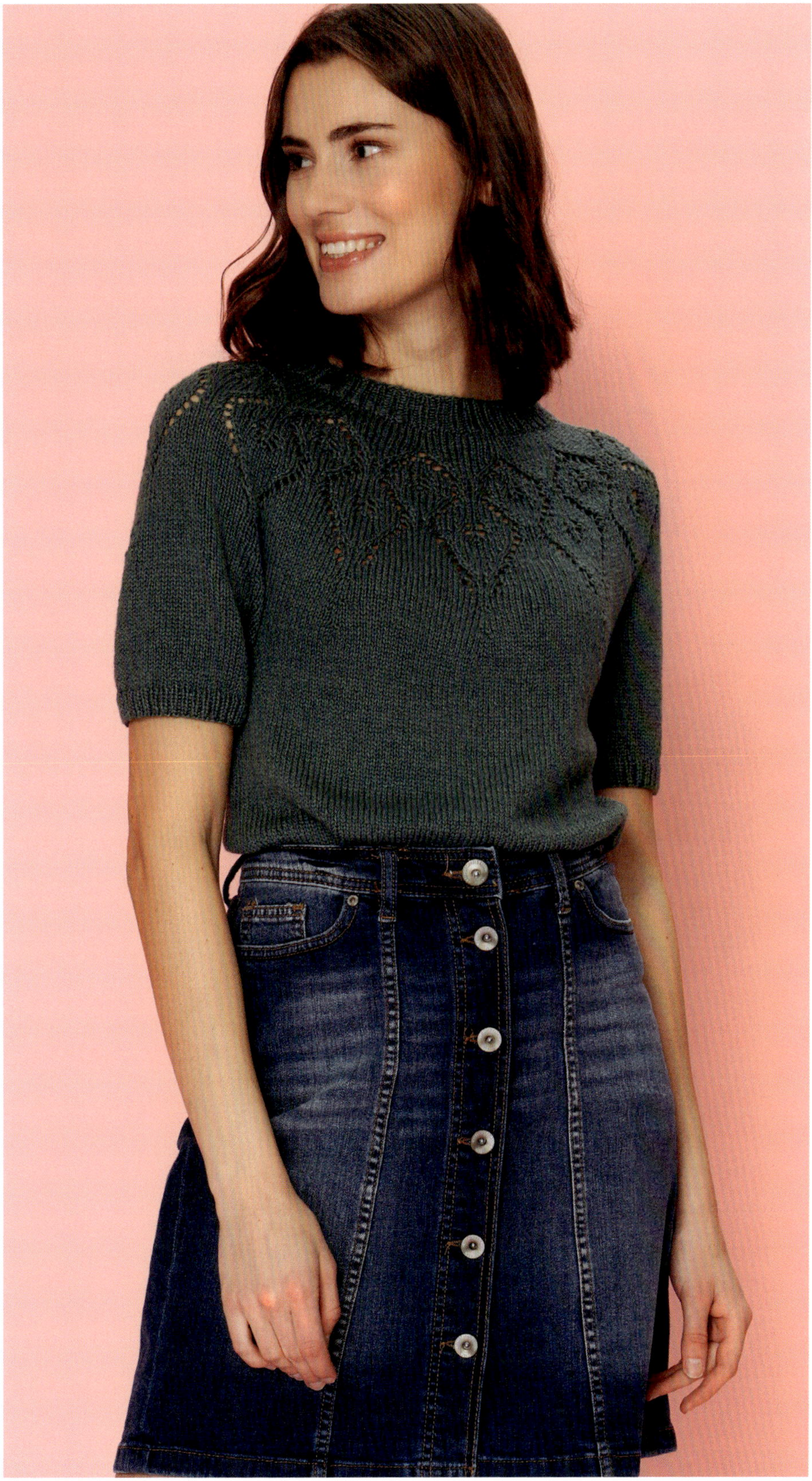

GLATT RECHTS

In Rd alle M rechts str.

RIPPENMUSTER

In Rd, gerade M-Zahl.
1 M rechts, 1 M links im Wechsel str.

1 MASCHE VERDOPPELN

1 M erst rechts str und auf der linken Nd belassen, dann noch einmal rechts verschränkt str.

LOCHMUSTER

In Rd nach der Strickschrift str. Es sind nur die geraden Rd gezeichnet. In den ungeraden Rd alle M und U rechts str. Den Rapport fortlaufend wdh.

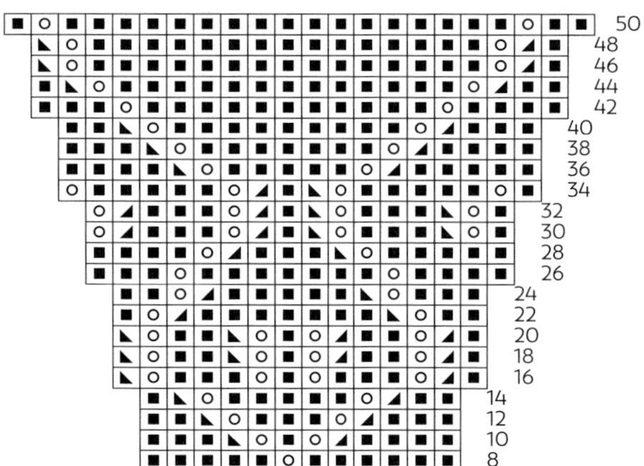

Rapport = 12-22 Maschen

■ = 1 Masche rechts

○ = 1 Umschlag

◢ = 2 Maschen rechts zusammenstricken

◣ = 2 Maschen rechts überzogen zusammenstricken: 1 Masche wie zum Rechtsstricken abheben, die nächste Masche rechts stricken und die abgehobene Masche überziehen

ANLEITUNG

Das Top wird nahtlos von oben nach unten gestrickt.

PASSE

108/108/118 M anschl. zur Rd schließen und 11 Rd im Rippenmuster str. Der Rd-Wechsel befindet sich in der hinteren Mitte. Weiter in Rd glatt rechts str und in der 1. Rd abwechselnd jede 4. und 5. M verdoppeln, 0/0/1 M rechts str (= 132/132/144 M).

2.-7. Rd: Glatt rechts str.

8.-50. Rd: Im Lochmuster nach der Strickschrift arb (= 264/264/286 M).

51.-55. Rd: Glatt rechts str.

56. Rd: [1 M rechts, 1 M verdoppeln, 21 M rechts, 1 M verdoppeln] 12/12/13x (= 288/288/312 M).

57.-61. Rd: Glatt rechts str.

62. Rd: [1 M rechts, 1 M verdoppeln, 23 M rechts, 1 M verdoppeln] 12/12/13x (= 312/312/338 M).

63.-67. Rd: Glatt rechts str.

68. Rd: [1 M rechts, 1 M verdoppeln, 25 M rechts, 1 M verdoppeln] 12/12/13x (= 336/336/364 M).

Nur Größe 40-42:

69.-73. Rd: Glatt rechts str.

74. Rd: [27 M rechts, 1 M verdoppeln] 12x (= 348 M).

Nur Größe 44-46:

69.-78. Rd: Glatt rechts str.

VORDER- UND RÜCKENTEIL

In der nächsten Rd 46/48/51 M rechts str, die folgenden 76/78/80 M für den ersten Ärmel auf eine Hilfsnd legen, 10/12/14 M neu aufschlingen, 92/96/102 M rechts str, die folgenden 76/78/80 M für den zweiten Ärmel auf eine Hilfsnd legen, 10/12/14 M neu aufschlingen, 46/48/51 M rechts str (= 204/216/232 M). In Rd glatt rechts bis zu einer Länge von 28/28/30 cm (gemessen ab der Ärmelabtrennung) str. Für das untere Bündchen ca. 3 cm im Rippenmuster in Rd str. Alle M abk.

ÄRMEL

Aus den neu angeschlagenen M des Vorder- und Rückenteils 10/12/14 M herausstr und zusammen mit den 76/78/80 stillgelegten M auf die Nd des Ndspiels verteilen (= 86/90/94 M). Der Rd-Wechsel befindet sich in der Mitte der 10/12/14 neu angeschlagenen M. Zur Rd schließen und glatt rechts str, dabei in jeder 10./10./12. Rd 3x je 1 Abnahme-Rd wie folgt str: 2 M rechts zusammenstr, bis 2 M vor Rd-Ende rechts str, 2 M rechts überzogen zusammenstr (= 80/84/88 M). Für das Ärmelbündchen 6 Rd im Rippenmuster str. In der nächsten Rd alle M abk.
Den zweiten Ärmel ebenso str.

FERTIGSTELLEN

Alle Fäden vernähen. Das Shirt anfeuchten, auf die in der Skizze angegeben Maße spannen und trocknen lassen.

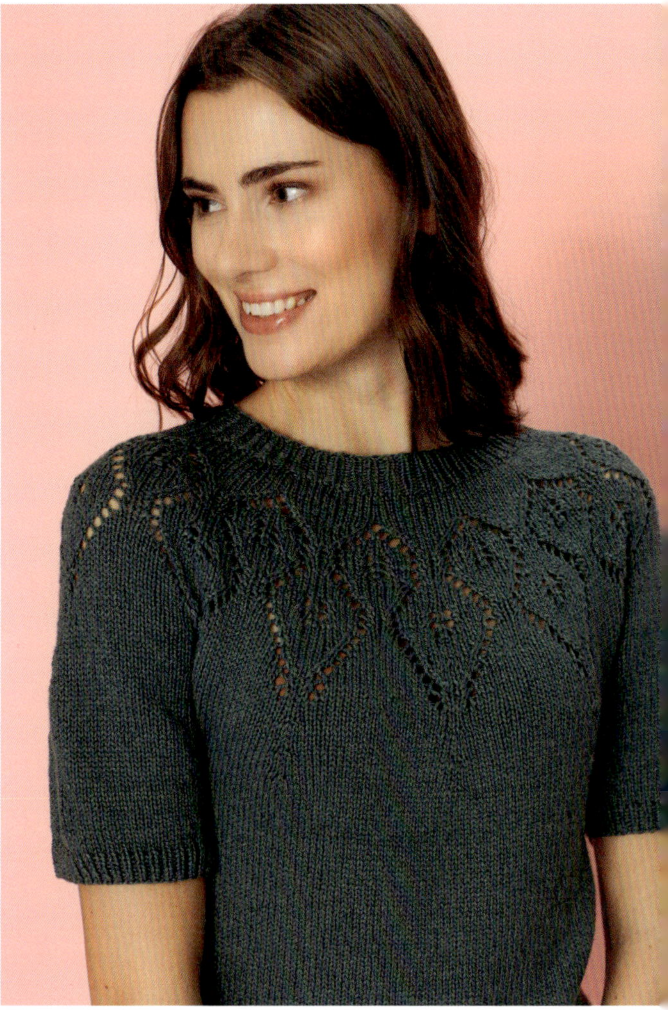

VERSPIELT & ROMANTISCH

TOP MIT RÜSCHENKANTE

GRÖSSEN

36/38/40/42/44/46
Die Angaben für die verschiedenen Größen sind durch Schrägstriche getrennt. Steht nur eine Angabe, so gilt diese für alle Größen.

MATERIAL

- Woll Butt Cara (LL ca. 180 m/50 g) in Mint (Fb 103.578), 200/200/200/250/250/250 g
- Rundstricknadel 3,0 mm, 80 cm lang
- Hilfsnadel (kurze Rundstricknadel 3,0 mm oder kleiner)
- 2 Nadelspielnadeln 3,0 mm
- 2 Maschenmarkierer
- Wollnadel zum Vernähen

MASCHENPROBE

Glatt rechts mit Nd 3,0 mm
26 M und 35 Rd/R = 10 cm x 10 cm

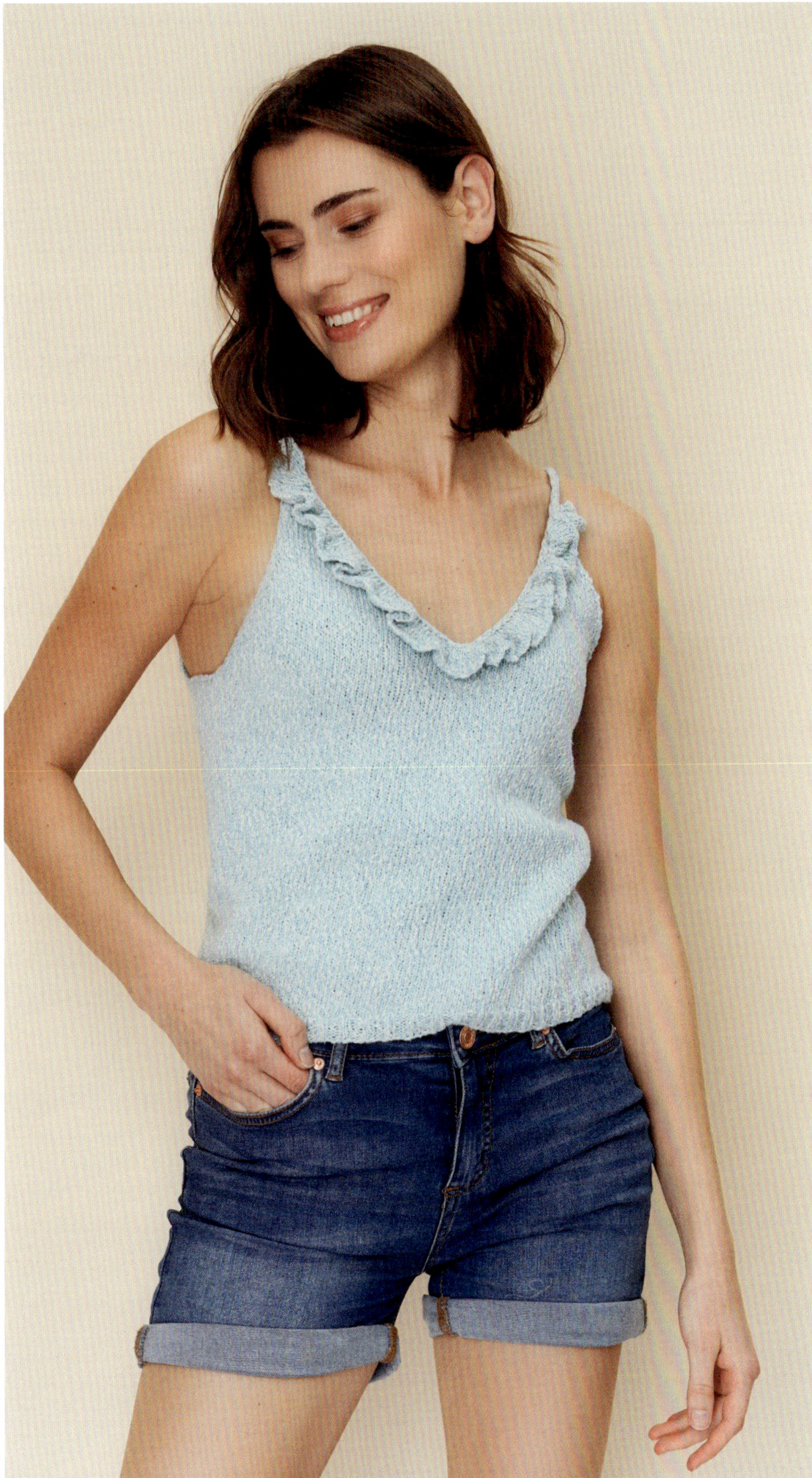

GLATT RECHTS

In Hinr rechte M, in Rückr linke M str.
In Rd alle M rechts str.

RIPPENMUSTER

In Rd, M-Zahl teilbar durch 4.
2 M rechts, 2 M links im Wechsel str.

DOPPELTE RANDMASCHE

Die ersten und letzten beiden M jeder R wie folgt str: 1 M wie zum Linksstr abheben, 1 M rechts.

1 MASCHE RECHTSGENEIGT ZUNEHMEN

Mit der linken Nd den Querfaden zwischen 2 M von hinten nach vorne aufnehmen und mit der rechten Nd rechts abstr.

1 MASCHE LINKSGENEIGT ZUNEHMEN

Mit der linken Nd den Querfaden zwischen 2 M von vorne nach hinten aufnehmen und mit der rechten Nd rechts verschränkt abstr.

1 MASCHE VERDOPPELN

1 M erst rechts str und auf der linken Nd belassen, dann noch einmal rechts verschränkt str.

BETONTE ABNAHME AN DER RECHTEN KANTE

Hinr: DRdm, 1 M rechts str, 2 M rechts überzogen zusammenstr (= 1 M wie zum Rechtsstr abheben, 1 M rechts, die abgehobene M überziehen), weiter mustergemäß str.
Rückr: Bis 5 M vor dem R-Ende mustergemäß str, 2 M links überzogen zusammenstr (= 2 M auf die rechte Nd schieben und umdrehen (= mit der linken Nd nacheinander in die beiden M von hinten einstechen und wieder auf die linke Nd schieben), dann von hinten in beiden M zusammen einstechen und links verschränkt zusammenstr), 1 M rechts, DRdm.

BETONTE ABNAHME AN DER LINKEN KANTE

Hinr: Bis 5 M vor dem R-Ende mustergemäß str, 2 M rechts zusammenstr, 1 M rechts, DRdm.
Rückr: DRdm, 1 M links str, 2 M links zusammenstr, weiter mustergemäß str.

SCHLAUCH STRICKEN

Mit den Nd des Nd-Spiels * 5 M rechts str, die M an die andere Nd-Spitze schieben und erneut rechts str, dabei die 1. M fest anziehen, damit sich die M zur Rd schließen. Ab * fortlaufend wdh, bis die gewünschte Länge erreicht ist.

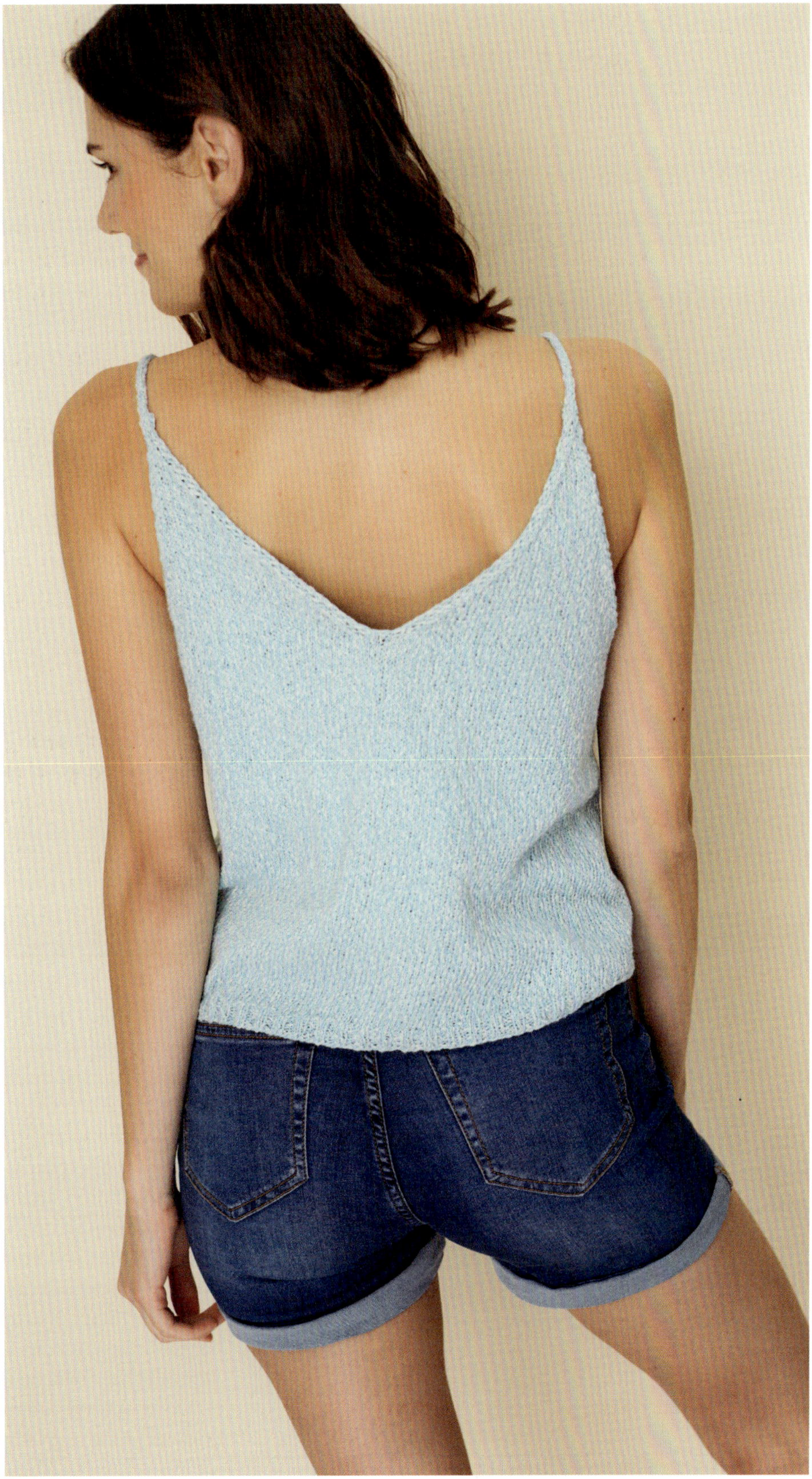

ANLEITUNG

Das Top wird von unten nach oben, zuerst in Rd, dann ab dem Armausschnitt in R mit DRdm gestrickt.

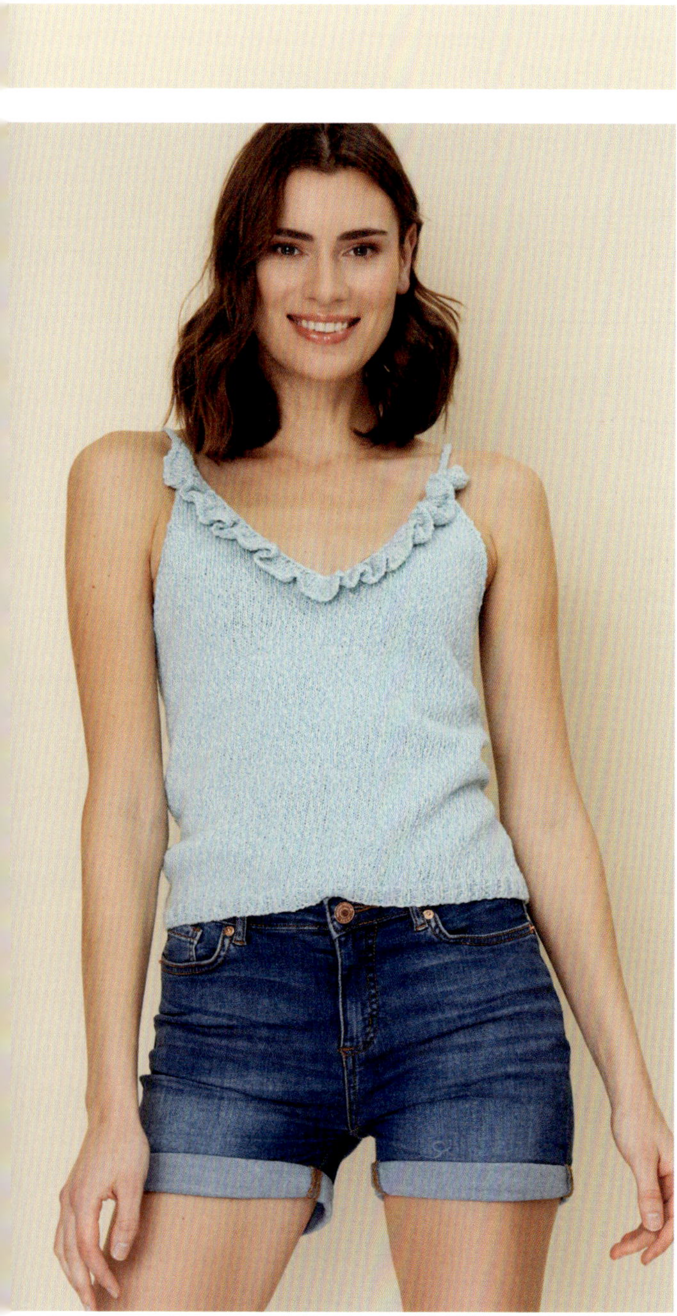

VORDER- UND RÜCKENTEIL

236/248/258/270/278/290 M anschl, zur Rd schließen und 2 cm im Rippenmuster str. Weiter glatt rechts str, dabei in der 1. Rd gleichmäßig verteilt 4x/4x/2x/2x/2x/2x 2 M rechts zusammenstr (= 232/244/256/268/276/288 M).
In einer Gesamthöhe von 30/31/32/33/34/35 cm die nächste Rd wie folgt str: 12/12/12/14/14/14 M abk, 52/55/58/60/62/65 M rechts str, MM zur Kennzeichnung der Mitte des Rückenteils einhängen, 52/55/58/60/62/65 M rechts str, 12/12/12/14/14/14 M abk, 52/55/58/60/62/65 M rechts str, MM zur Kennzeichnung der Mitte des Vorderteils einhängen, 52/55/58/60/62/65 M rechts str.
Mit den Abnahmen für die Armausschnitte und den Halsausschnitt der rechten Hälfte des Rückenteils beginnen, in R glatt rechts mit DRdm über die M bis zum 1. MM arb. An der Halsausschnittkante in jeder R 3x 1 M und in jeder 2. R 24x 1 M/in jeder R 3x 1 M und in jeder 2. R 25x 1 M/in jeder R 3x 1 M und in jeder 2. R 26x 1 M/in jeder R 4x 1 M und in jeder 2. R 26x 1 M/in jeder R 4x 1 M und in jeder 2. R 26x 1 M/in jeder R 5x 1 M und in jeder 2. R 27x 1 M betont abnehmen, dann weiter ohne Abnahmen str.
GLEICHZEITIG an der Armausschnittkante in jeder 2. R 15x, in jeder 4. R 3x und in jeder 6. R 2x 1 M/in jeder 2. R 17x, in jeder 4. R 3x und in jeder 6. R 2x M/in jeder 2. R 19x und in jeder 4. R 5x M/in jeder 2. R 21x 1 , in jeder 4. R 2x 1 und in jeder 6. R 2x 1 M/in jeder 2. R 22x und in jeder 4. R 5x 1 M/in jeder 2. R 23x und in jeder 4. R 5x 1 M betont abnehmen (= 5 M). Alle M abk.
Für die linke Hälfte des Rückenteils den Faden an der hinteren Mitte neu anschlingen und das linke Rückenteil gegengleich arb.
Dann für die rechte Seite des Vorderteils den Faden nach den abgeketteten M neu anschlingen und bis zum nächsten MM str. Wie das Rückenteil str. Am Ende über die verbleibenden 5 M einen Schlauch über eine Länge von ca. 17/18/19/20/22/24 cm str. Die M abk.
Für die linke Seite des Vorderteils den Faden nach dem MM neu anschlingen und über die restlichen M ebenso wie beim Rückenteil str. Am Ende über die verbleibenden 5 M einen Schlauch

Alle Angaben in cm.

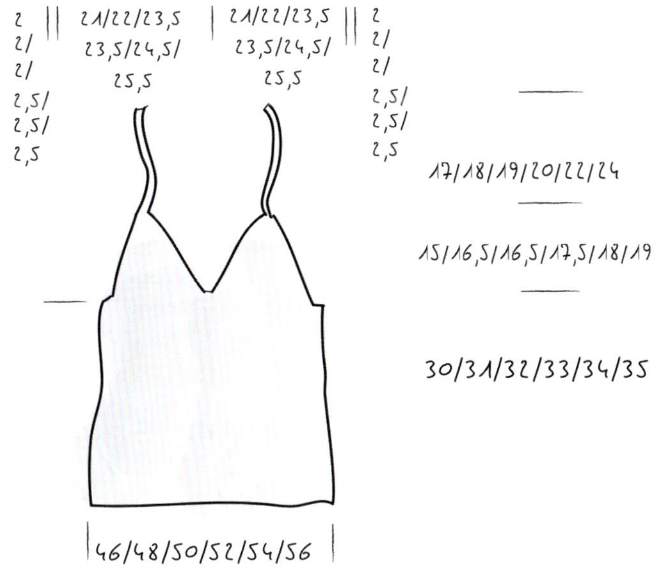

über eine Länge von ca. 17/18/19/20/22/24 cm str. Die M abk.

RÜSCHENKANTE

Von der rechten oberen Spitze der Halsausschnittkante des Vorderteils bis zur Ausschnittspitze mit der Rundstricknd jeweils das rechte M-Glied der glatt rechts gestrickten M vor der DRdm auf die Nd heben, weiter an der linken Ausschnittkante das linke M-Glied der glatt rechts gestrickten M nach der DRdm ebenfalls auf die Rundstricknd heben.

1. R (= Hinr): Den Faden neu anschlingen und über die aufgenommenen M bis zur Ausschnittmitte rechts str, MM einhängen, aus der Mitte 1 M rechts herausstr (= Mittel-M), MM einhängen, bis zum R-Ende rechts str.

2. R (und alle weiteren Rückr): Alle M links str.

3. R: * 1 M rechts str, 1 M verdoppeln, ab * stets wdh bis zum 1. MM, 1 M rechtsgeneigt zunehmen, MM abheben, Mittel-M rechts str, MM abheben, 1 M linksgeneigt zunehmen, * 1 M rechts str, 1 M verdoppeln, ab * stets wdh bis zum bis R-Ende.

5. R: Wie die 3. R str.

7. R (und alle weiteren Hinr): Bis zum 1. MM rechts str, 1 M rechtsgeneigt zunehmen, MM abheben, Mittel-M rechts str, MM abheben, 1 M linksgeneigt zunehmen, bis zum Ende rechts str.

In einer Höhe von 3 cm in der nächsten Rückr alle M rechts str. In der nächsten Hinr alle M rechts abk.

FERTIGSTELLEN

Alle Fäden vernähen. Die Trägerenden an die kurzen Abkettkanten des Rückenteils nähen. Das Top anfeuchten, auf die in der Skizze angegebenen Maße spannen und trocknen lassen.

n in mm.

LÄSSIG & SPORTLICH

RIPPENTOP

GRÖSSEN

36-38/40-42/44-46
Die Angaben für die verschiedenen Größen sind durch Schrägstriche getrennt. Steht nur eine Angabe, so gilt diese für alle Größen.

MATERIAL

- Lana Grossa Linea Pura Terra (LL ca. 170 m/50 g) in Sellerie (Fb 04), 200/200/250 g
- Rundstricknadel 3,0 mm, 80 cm lang
- 3 Hilfsnadeln (kurze Rundstricknadeln 3,0 mm oder kleiner)
- Wollnadel zum Vernähen

MASCHENPROBE

Im Rippenmuster mit Nd 3,0 mm
25 M und 36 Rd/R = 10 cm x 10 cm

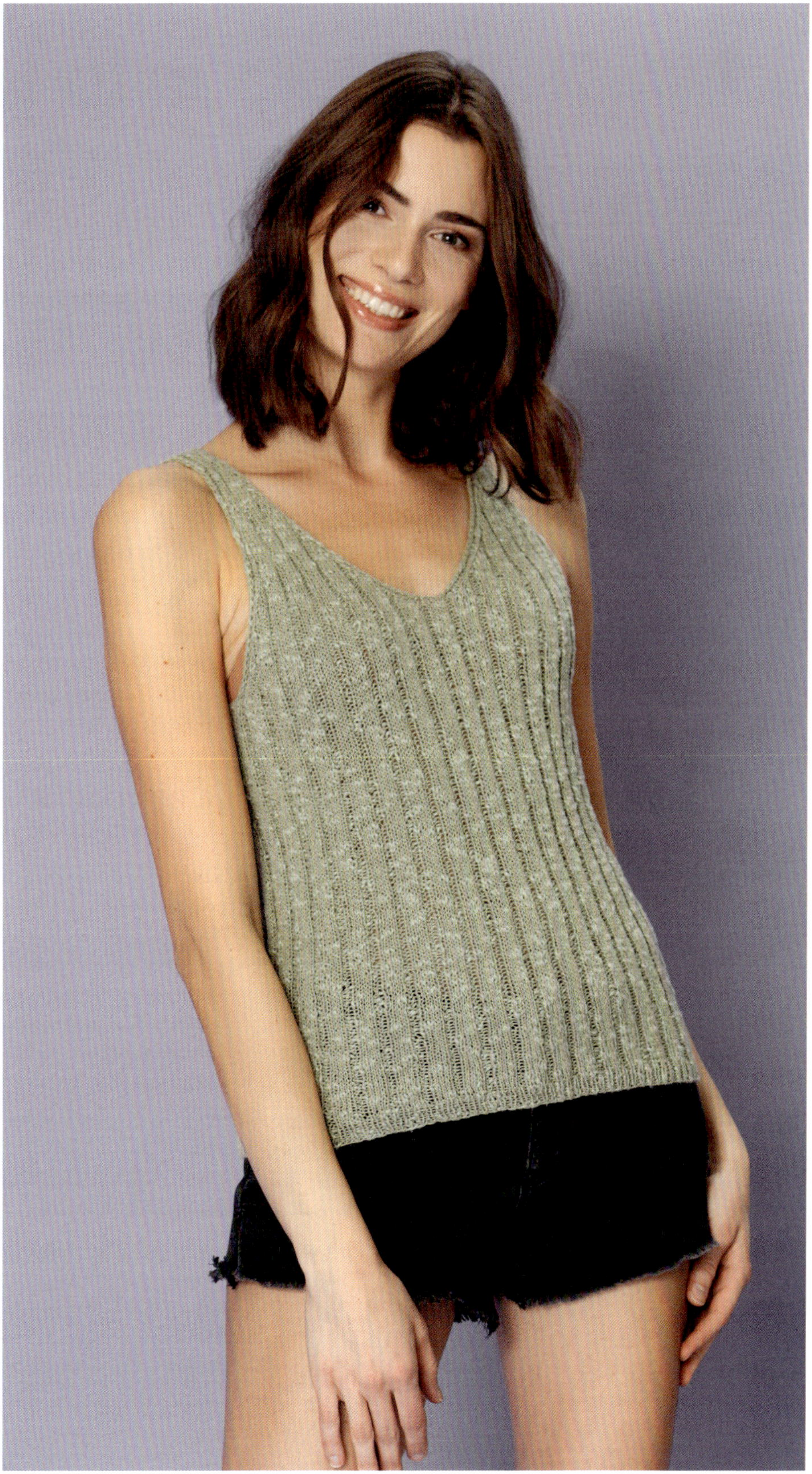

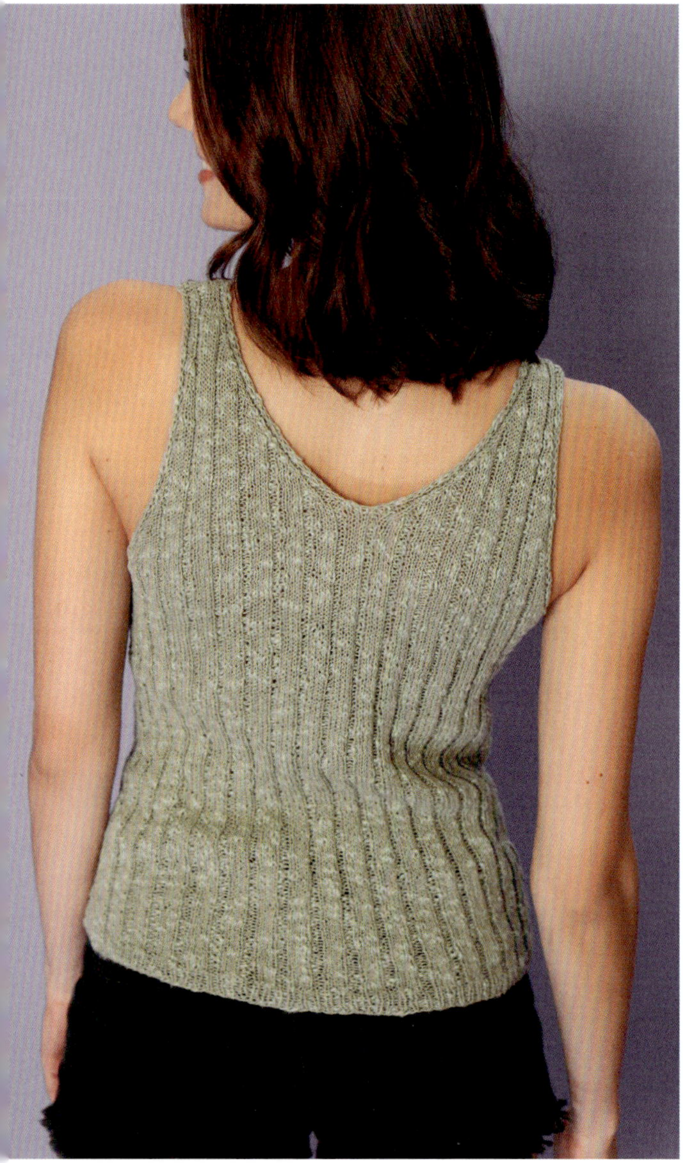

DOPPELTE RANDMASCHE

Die ersten und letzten beiden M jeder R wie folgt str: 1 M wie zum Linksstr abheben, 1 M rechts.

RIPPENMUSTER

In Rd, M-Zahl teilbar durch 6.
* 1 M links, 4 M rechts, 1 M links str, ab * fortlaufend wdh.

BÜNDCHENMUSTER

In Rd 1 M rechts, 1 M links im Wechsel str.

BETONTE ABNAHME AN DER LINKEN KANTE

DRdm, 2 M links, 2 M rechts überzogen zusammenstr (= 1 M wie zum Rechtsstr abheben, 1 M rechts, die abgehobene M überziehen), weiter mustergemäß str.

BETONTE ABNAHME AN DER RECHTEN KANTE

Bis 6 M vor R-Ende mustergemäß str, 2 M rechts zusammenstr, 2 M links, DRdm.

HINWEIS: *Das Top kann nach Belieben mit dem tiefen Ausschnitt nach vorne oder hinten getragen werden. In der Anleitung wird die Seite mit dem tieferen Ausschnitt als Vorderteil bezeichnet.*

Alle Angaben in cm.

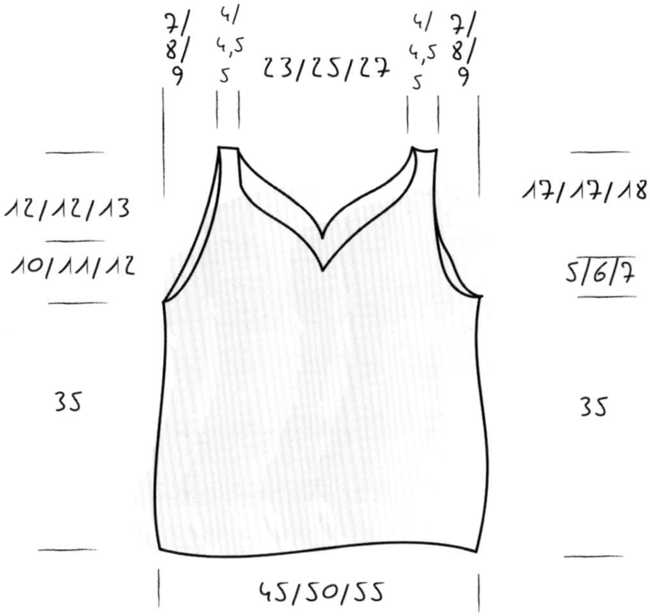

ANLEITUNG

Das Top wird von unten bis zu den Armausschnitten in Rd, dann weiter in R mit DRdm gestrickt.

UNTERES VORDER- UND RÜCKENTEIL

228/252/276 M anschl, zur Rd schließen und 2 cm im Bündchenmuster str. Weiter im Rippenmuster str, der Rd-Wechsel liegt an der linken Seite. In einer Höhe von ca. 35 cm gemessen ab der Anschlagkante die Abnahmen für die Armausschnitte arb. Dafür die Arbeit teilen (= 114/126/138 M je Seite) und weiter in R str.

OBERES RÜCKENTEIL

1. R (= Hinr): 3 M abk, bis zum R-Ende das Rippenmuster fortführen.
2. R (= Rückr): 3 M abk, bis zum R-Ende das Rippenmuster fortführen, dafür die M str, wie sie erscheinen (= 108/120/132 M).
Weiter im Rippenmuster mit DRdm arb und beidseitig 4x/5x/6x in jeder 2. R, 6x/7x/8x in jeder 4. R, 4x in jeder 6. R und 1x in der 8. R jeweils 1 M betont abnehmen (= 78/86/94 M).
In einer Höhe von 45/46/47 cm gemessen ab der Anschlagkante in der nächsten Hinr für den hinteren Halsausschnitt die mittleren 2 M abk, die R bis zum Ende mustergemäß weiterstr und beginnend mit der linken Seite die beiden Rückenteilhälften getrennt beenden. Am Halsausschnitt in jeder 2. R 24x/26x/28x jeweils 1 M betont abnehmen (= 14/16/18 M).
In der nächsten Hinr alle M abk.
Die rechte Seite gegengleich zur linken Seite str, dafür den Faden an der Mitte neu ansetzen und mit 1 Rückr beginnen.

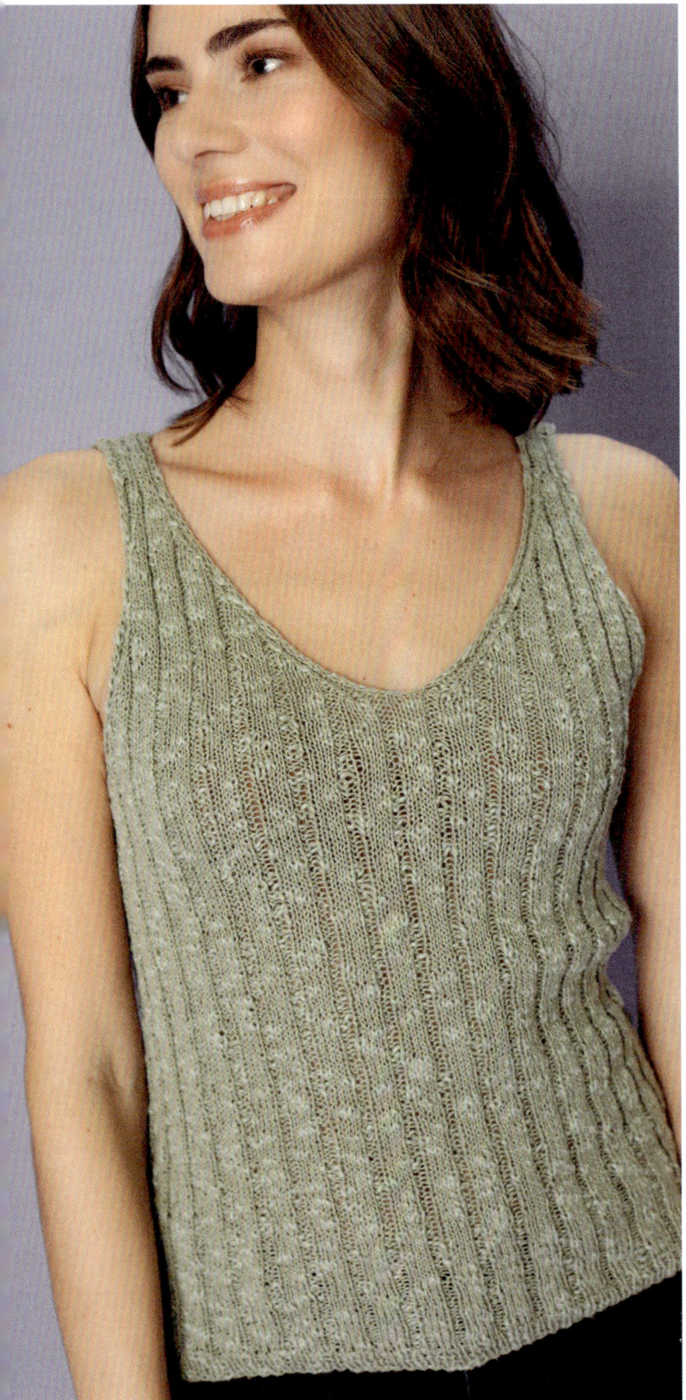

OBERES VORDERTEIL

Die Armausschnitte wie beim Rückenteil str, GLEICHZEITIG bereits nach der 4./5./6. Abnahme für die Armausschnitte mit den Abnahmen für den Halsausschnitt beginnen.
Dafür die mittleren 2 M abk, die R bis zum Ende mustergemäß weiterstr und beginnend mit der linken Seite die beiden Vorderteilhälften getrennt voneinander beenden. Am Halsausschnitt in jeder 2. R 24x/26x/28x jeweils 1 M betont abnehmen (= 14/16/18 M).
Weiter mustergemäß ohne Abnahmen bis zu einer Armausschnitthöhe von 22/23/25 cm str. Die rechte Seite gegengleich zur linken Seite str, dafür den Faden an der Mitte neu ansetzen und mit 1 Rückr beginnen.

FERTIGSTELLEN

Alle Fäden vernähen. Die Träger an den Abkettkanten zusammennähen. Das Top anfeuchten, glatt hinlegen, ohne es zu ziehen und trocknen lassen.

HINWEIS: *Das Top nicht auf die in der Schnittskizze angegebenen Maße spannen. Das Rippenmuster soll elastisch bleiben und beim Tragen körpernah anliegen. Wird es zu stark gespannt, verliert das Muster seine Elastizität.*

DEZENTER HINGUCKER

SHIRT MIT RAGLANLOCHKANTE

GRÖSSEN

36/38-40/42-44/46
Die Angaben für die verschiedenen Größen sind durch Schrägstriche getrennt. Steht nur eine Angabe, so gilt diese für alle Größen.

MATERIAL

- Lana Grossa Cotton Love (LL ca. 170 m/50 g) in Flieder (Fb 17), 250/250/300/300 g
- Lana Grossa Silk Hair (LL ca. 210 m/25 g) in Flieder (Fb 173), 100/125/125/150 g
- Rundstricknadeln 4,0 mm, 60 und 100 cm lang
- 5 Maschenmarkierer
- Wollnadel zum Vernähen

MASCHENPROBE

Glatt rechts mit Nd 4,0 mm und je 1 Faden Cotton Love und Silk Hair 20 M und 26 Rd/R = 10 cm x 10 cm

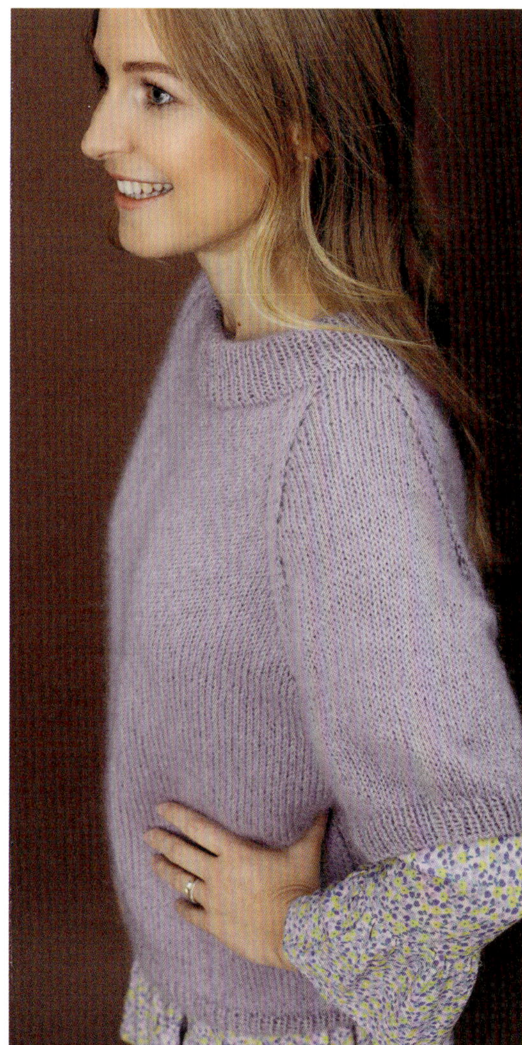

GLATT RECHTS

In Hinr rechte M, in Rückr linke M str.
In Rd alle M rechts str.

RIPPENMUSTER

In Rd, gerade M-Zahl.
1 M rechts, 1 M links im Wechsel str.

RAGLANMASCHE

In R: In Hinr rechts, in Rückr links str.
In Rd: Rechts str.

WENDEMASCHE

1 M wie zum Linksstr abheben, den Faden von vorne über die Nd nach hinten ziehen, sodass sich eine doppelte M über die Nd legt.
In der nächsten R die Wende-M mustergemäß str, dabei beim Abstr der M darauf achten, dass beide M-Glieder gefasst werden.

ANLEITUNG

Das Shirt wird in Rd von oben nach unten gestrickt. Die Zunahmen werden mit Umschlägen gearbeitet.

PASSE

Für das Halsbündchen mit der kurzen Rundstricknd 96/100/104/108 M anschl, zur Rd schließen und 10 cm im Rippenmuster str.
Das Bündchen nach innen umschlagen. In der nächsten Rd zuerst in die nächste M der linken Nd einstechen, dann zusätzlich 1 M aus der Anschlagkante auffassen. Diese beiden M rechts zusammenstr. Auf diese Weise alle M mit der Anschlagkante rechts zusammenstr.
MM zur Kennzeichnung des Rd-Wechsels einhängen (= MMRd). Der Rd-Wechsel befindet sich hinten an der linken Raglannaht. Für den Halsausschnitt verkürzte R glatt rechts str und M zunehmen wie folgt:

1. R (= Hinr): Für das Rückenteil 2/3/3/4 M rechts str, * 1 M linksgeneigt zunehmen, 4 M rechts str, ab * noch 6x wdh, 1 M linksgeneigt zunehmen, 2/3/3/4 M rechts str, MM einhängen, für den rechten Ärmel 11/11/13/13 M rechts str, MM einhängen, 3/3/4/4 M rechts str, wenden (= 104/108/112/116 M).
2. R (= Rückr): Wende-M, bis zum MMRd links str, MM abheben, für den linken Ärmel 11/11/13/13 M links str, MM einhängen, 3/3/4/4 M links str, wenden.
3. R: Wende-M, bis zum MMRd rechts str, MM abheben, 2 M rechts, 1 U, * bis 2 M vor dem nächsten MM rechts str, 1 U, 2 M rechts, MM abheben, 2 M rechts, 1 U, ab * noch 1x wdh, bis 2 M nach der Wende-M rechts str, wenden (= 5 M zugenommen).
4. R: Wende-M, bis zum MMRd links str, MM abheben, 2 M links, 1 U, bis 2 M vor den nächsten M-Markierer links str, 1 U, 2 M links, MM abheben, 2 M links, 1 U, bis 2 M nach der Wende-M der letzten Rd links str (= 3 M zugenommen).
Die 3.-4. R noch 6x wdh.
Nächste R: Wende-M, bis zum MMRd rechts str (= 160/164/168/172 M).
Weiter glatt rechts in Rd str, dabei in der nächsten Rd eine Zunahme-Rd wie folgt str: * 2 M rechts, 1 U, bis 2 M vor dem nächsten MM rechts str, 1 U, 2 M rechts, MM abheben, ab * noch 3x wdh (= 8 M zugenommen).
Diese Zunahme-Rd in jeder 2. Rd noch 20x/22x/25x/28x wdh (= 328/348/376/404 M).

VORDER- UND RÜCKENTEIL

In der nächsten Rd die M für die Ärmel stilllegen und nur über die M des Vorder- und Rückenteils weiterstr. Dafür die M des Rückenteils bis zum nächsten MM rechts str, MM entfernen, für den linken Ärmel die folgenden 67/71/79/85 M auf einer Hilfsnd stilllegen, MM entfernen, 4/4/6/6 M neu anschlingen, für das Vorderteil bis zum nächsten MM rechts str, MM entfernen, für den rechten Ärmel die folgenden 67/71/79/85 M auf einer weiteren Hilfsnd stilllegen und 4/4/6/6 M neu anschlingen. In der nächsten Rd 2 MM ein-

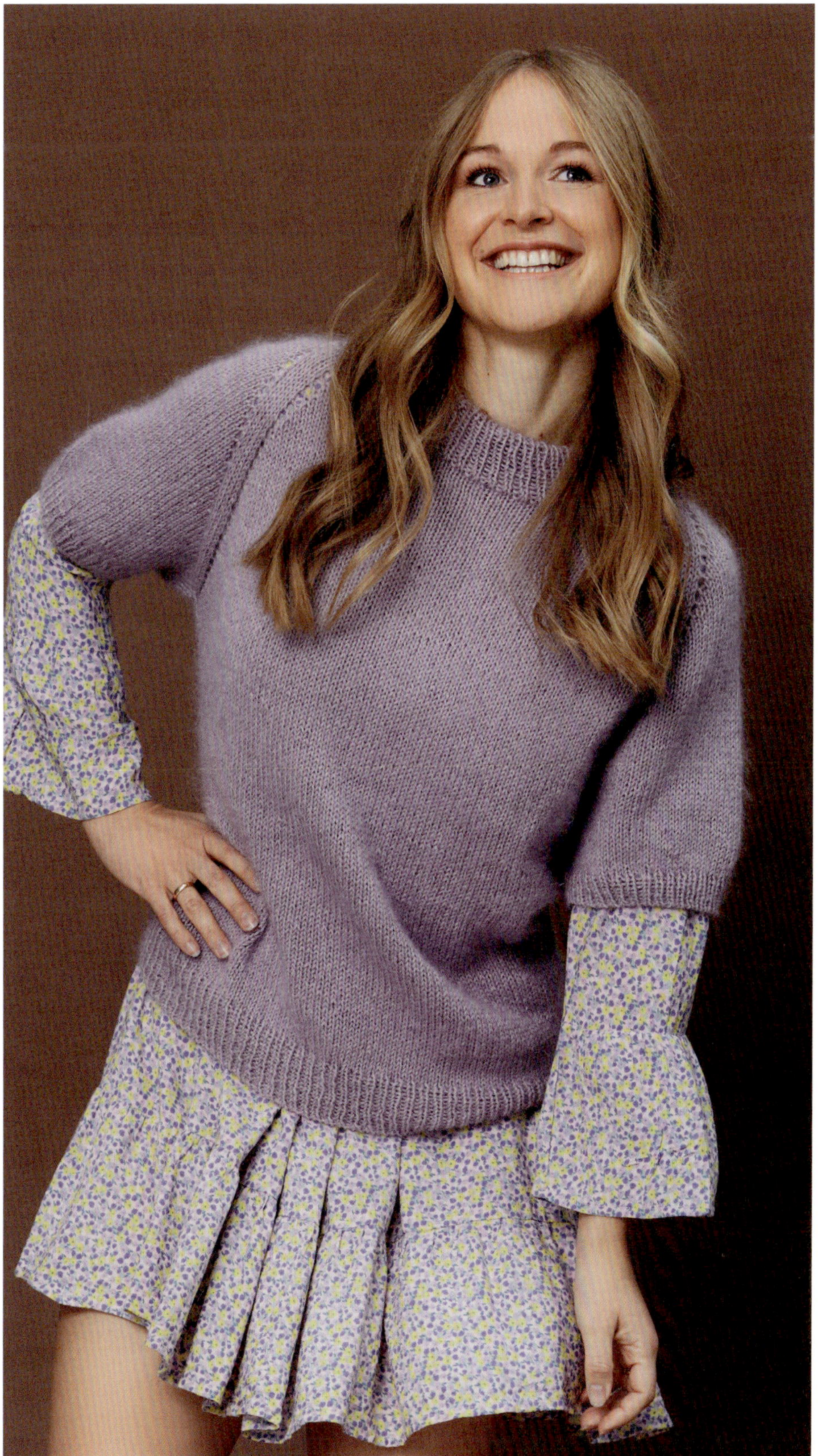

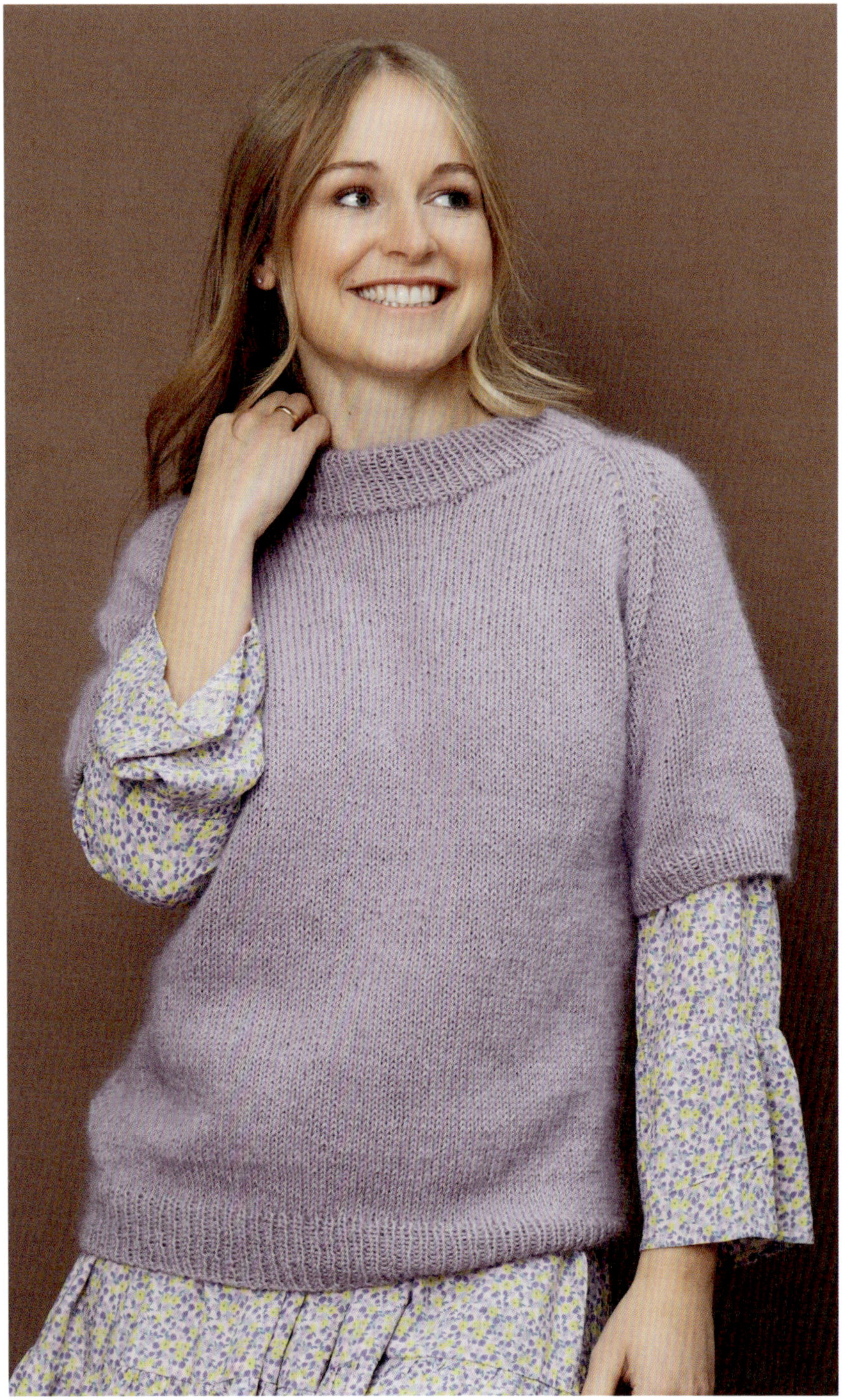

hängen wie folgt: Bis 2/2/1/1 M vor die neu angeschlungenen M rechts str, 2 M rechts zusammenstr, 1 U, 2 M rechts, MM einhängen, 2 M rechts, 1 U, 2 M rechts überzogen zusammenstr (= 1 M wie zum Rechtsstr abheben, 1 M rechts, die abgehobene M überziehen), bis 2/2/1/1 M

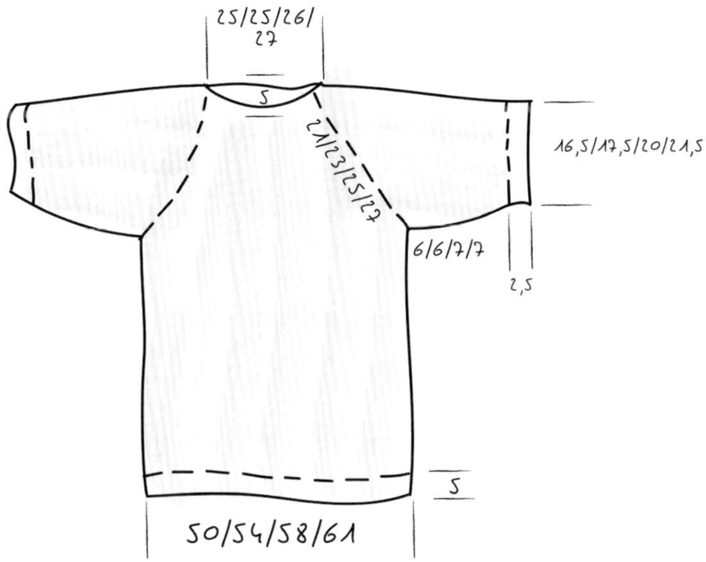

Alle Angaben in cm.

vor die neu angeschlungenen M rechts str, 2 M rechts zusammenstr, 1 U, 2 M rechts, MM zur Kennzeichnung des Rd-Wechsels einhängen. Weiter in Rd wie folgt str: 2 M rechts, 1 U, 2 M rechts überzogen zusammenstr, bis 4 M vor den nächsten MM rechts str, 2 M rechts zusammenstr, 1 U, 2 M rechts, MM abheben, 2 M rechts, 1 U, 2 M rechts überzogen zusammenstr, bis 4 M vor dem nächsten MM rechts str, 2 M rechts zusammenstr, 1 U, 2 M rechts, MM abheben. Diese Rd bis zu einer Länge des Rumpfes (gemessen ab der Ärmelabtrennung) von ca. 30/30/32/32 cm wdh. Für das untere Bündchen ca. 5 cm im Rippenmuster in Rd str, dabei in der 1. Rd nur noch den MMRd auf der Nd lassen, den anderen entfernen. Alle M italienisch abk (s. Seite 86).

ÄRMEL

Für die Ärmel die 67/71/79/85 stillgelegten M auf die kurze Rundstricknd heben und aus den neu angeschlagenen M und dem Querfaden seitlich der M 6/6/8/8 M herausstr (= 73/77/87/93 M). Der Rd-Wechsel liegt in der Mitte der herausgestrickten 6/6/8/8 M und wird durch einen MM gekennzeichnet. In Rd glatt rechts str, dabei in der 1. Rd die beiden M seitlich der neu herausgestrickten M mit der M danach bzw. davor rechts zusammenstr, um kleine Löcher zu vermeiden (= 71/75/85/91 M). In der 10. Rd eine Abnahme-Rd wie folgt str: 1 M rechts, 2 M rechts zusammenstr, bis 3 M vor Rd-Wechsel rechts str, 2 M rechts überzogen zusammenstr, 1 M rechts (= 69/73/83/89 M). In einer Höhe von ca. 6/6/7/7 cm die nächste Rd wie folgt str: 0/1/2/2 M rechts, 3x jede 22. und 23./23. und 24./26. und 27./28. und 29. M rechts zusammenstr (= 66/70/80/86 M). Für das Ärmelbündchen ca. 2,5 cm im Rippenmuster in Rd str. Dann alle M italienisch abk.
Den anderen Ärmel ebenso str.

FERTIGSTELLEN

Alle Fäden vernähen. Das Shirt anfeuchten, auf die in der Skizze angegebenen Maße spannen und trocknen lassen.

MOSAIK-STREIFEN

RAFFINIERTER FARBKONTRAST

GRÖSSEN

36-38/40-42/44-46

Die Angaben für die verschiedenen Größen sind durch Schrägstriche getrennt. Steht nur eine Angabe, so gilt diese für alle Größen.

MATERIAL

- Lana Grossa Ecopuno (LL ca. 215 m/50 g) in Himbeer (Fb 36), 150/150/200 g und in Mandarin (Fb 72), 50 g
- Rundstricknadel 4,0 mm, 60-80 cm lang
- Rundstricknadel 4,5 mm, 60-80 cm lang
- 2 Hilfsnadeln (kurze Rundstricknadeln 4,0 mm oder kleiner)
- Wollnadel zum Vernähen
- 4 Maschenmarkierer

MASCHENPROBE

Glatt rechts mit Nd 4,0 mm
24 M und 32 Rd/R = 10 cm x 10 cm

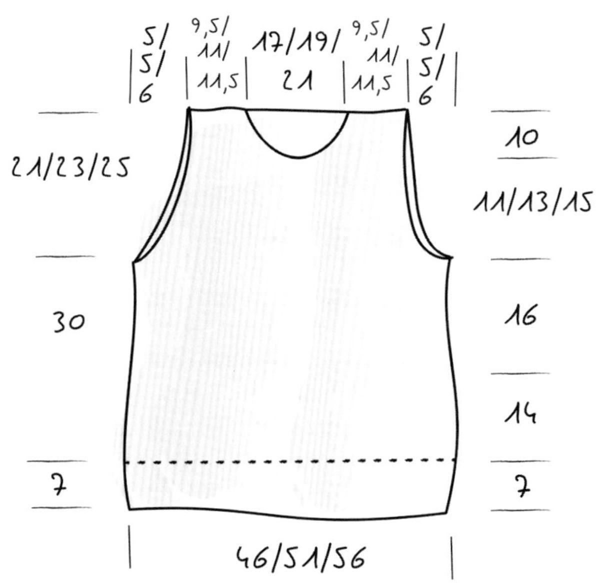

Alle Angaben in cm.

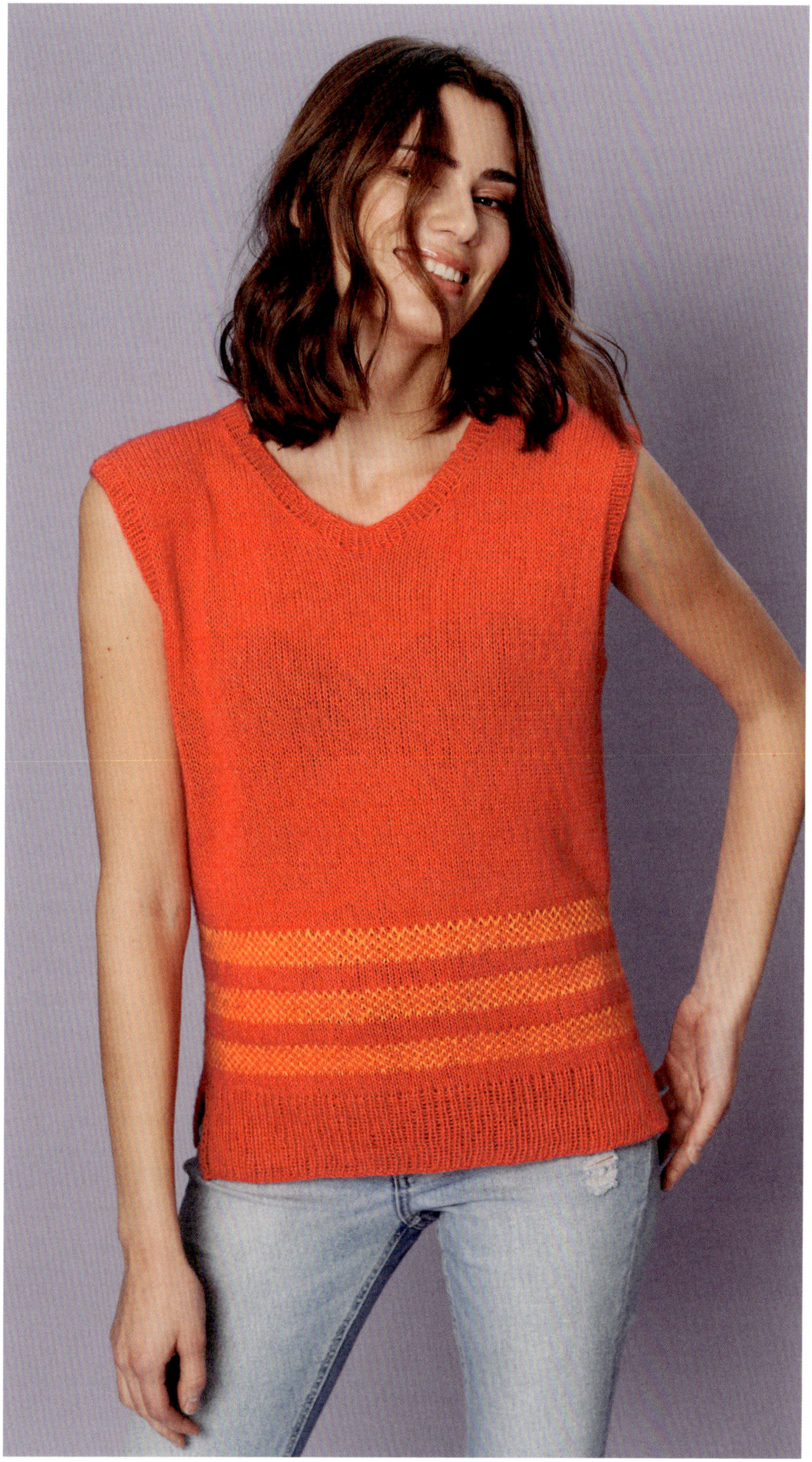

GLATT RECHTS

In Hinr rechte M, in Rückr linke M str.
In Rd alle M rechts str.

NAHTRAND

Hinr: Die 1. und letzte M rechts str.
Rückr: Die 1. und letzte M links str.

KETTRAND

Hin- und Rückr: Die 1. M wie zum Linksstr abheben, die letzte M rechts str.

JAQUARDSTREIFEN

1. Rd: 1 M rechts in Mandarin und 1 M rechts in Himbeer im Wechsel str.
2. Rd: 1 M rechts in Himbeer und 1 M rechts in Mandarin im Wechsel str.
Die 1. und 2. R noch 2x wdh, dann noch 1x die 1. R str.
Den nicht benötigten Faden auf der Rückseite mitführen.

1 MASCHE RECHTSGENEIGT ZUNEHMEN

In Hinr: Mit der linken Nd den Querfaden zwischen 2 M von hinten nach vorne aufnehmen und mit der rechten Nd rechts abstr.
In Rückr: Mit der linken Nd den Querfaden zwischen 2 M von hinten nach vorne aufnehmen und mit der rechten Nd links str.

1 MASCHE LINKSGENEIGT ZUNEHMEN

In Hinr: Mit der linken Nd den Querfaden zwischen 2 M von vorne nach hinten aufnehmen und mit der rechten Nd rechts verschränkt abstr.
In Rückr: Mit der linken Nd den Querfaden zwischen 2 M von vorne nach hinten aufnehmen und mit der rechten Nd links verschränkt str.

WENDEMASCHE

1 M wie zum Linksstr abheben, den Faden von vorne über die Nd nach hinten ziehen, sodass sich eine doppelte M über die Nd legt.
In der nächsten R die Wende-M mustergemäß str, dabei beim Abstr der M darauf achten, dass beide M-Glieder gefasst werden.

ANLEITUNG

Das Top wird nacheinander in einem Stück von oben nach unten gestrickt. Begonnen wird an der oberen Kante des Rückenteils, dann werden nacheinander die Schultern gearbeitet und das Vorder- und Rückenteil jeweils bis zum Beginn der Armausschnitte separat gestrickt. Danach wird in Rd bis zum Bündchen gestrickt. Das Bündchen wird wieder in R gearbeitet, um den seitlichen Schlitz zu erhalten. Die Rdm im oberen Bereich werden als Nahtrand, die des Bündchens als Kettrand gestrickt.

HINWEIS: *Das Top mit den dünneren Nd str, nur für den Streifen in Jaquardtechnik die Nd eine halbe Stärke größer wählen, da sich das Gestrickte erfahrungsgemäß etwas zusammenzieht.*

RÜCKENTEIL

Für den Halsausschnitt in Himbeer 42/46/48 M anschl und in R wie folgt str:
1. R (= Rückr): Rdm (= Nahtrand), [1 M links, 1 M rechts] 2x, 1 M links, MM einhängen, 30/34/36 M links, MM einhängen, [1 M links, 1 M rechts] 2x, 1 M links, Rdm (= Nahtrand).
2. R (= Hinr): Rdm, [1 M rechts, 1 M links] 2x, 1 M rechts, MM abheben, 1 M linksgeneigt zunehmen, bis zum MM rechts str, 1 M rechtsgeneigt zunehmen, MM abheben, [1 M rechts, 1 M links] 2x, 1 M rechts, Rdm (= 44/48/50 M).
3. R: Rdm, [1 M links, 1 M rechts] 2x, 1 M links, MM abheben, 1 M rechtsgeneigt zunehmen, bis zum MM links str, 1 M linksgeneigt zunehmen, MM abheben, [1 M links, 1 M rechts] 2x, 1 M links, Rdm (= 46/50/52 M).

Die 2. und 3. R fortlaufend wdh, bis 98/110/116 M auf der Nadel liegen.
In den nächsten beiden R jeweils die ersten 5 M abk und den Rest der R mustergemäß str (= 88/100/106) M).
Weiter zwischen den Rdm glatt rechts in R bis zu einer Höhe von 18/20/22 cm str. Je einen weiteren MM an beide äußeren Kanten einhängen.
Für die Armausschnitte in den nächsten beiden Hinr zunehmen wie folgt:
1. R (= Hinr): Rdm, 1 M rechts, 1 M linksgeneigt zunehmen, bis 2 M vor dem R-Ende rechts str, 1 M rechtsgeneigt zunehmen, 1 M rechts, Rdm.
2. R (= Rückr): Alle M links str.
3. und 4. R: Wie die 1. und 2. R str (= 92/104/110 M).
5. R: Rdm, bis zum Ende rechts str, 2 M neu aufschlingen.
6. R: Rdm, bis zum Ende links str, 2 M neu aufschlingen (= 96/108/114 M).
7. R: Rdm, bis zum Ende rechts str, 3 M neu aufschlingen.
8. R: Rdm, bis zum Ende links str, 3 M neu aufschlingen (= 102/114/120 M).
9. R: Rdm, bis zum Ende rechts str, 4 M neu aufschlingen.
10. R: Rdm, bis zum Ende links str, 4 M neu aufschlingen (= 110/122/128 M).
Nur Größe 44-46:
Die 9. und 10. R noch 1x wdh (= 136 M).
Alle Größen:
Eine weitere Hinr ohne Zunahmen str, dann alle M auf einer Hilfsnd oder einem Garnrest stilllegen.

LINKE SCHULTER

Aus dem Nahtrand der linken Schulter in Himbeer gleichmäßig verteilt 24/26/28 M herausstr und mit verkürzten R glatt rechts str:
1. R (= Rückr): Rdm, 2 M links, wenden.
2. R (und, wenn nicht anders angegeben, alle weiteren Hinr): 1 Wende-M, bis zur letzten M rechts str, Rdm.
3. R: Rdm, 1 M links, Wende-M links str, 2 M links str, wenden.

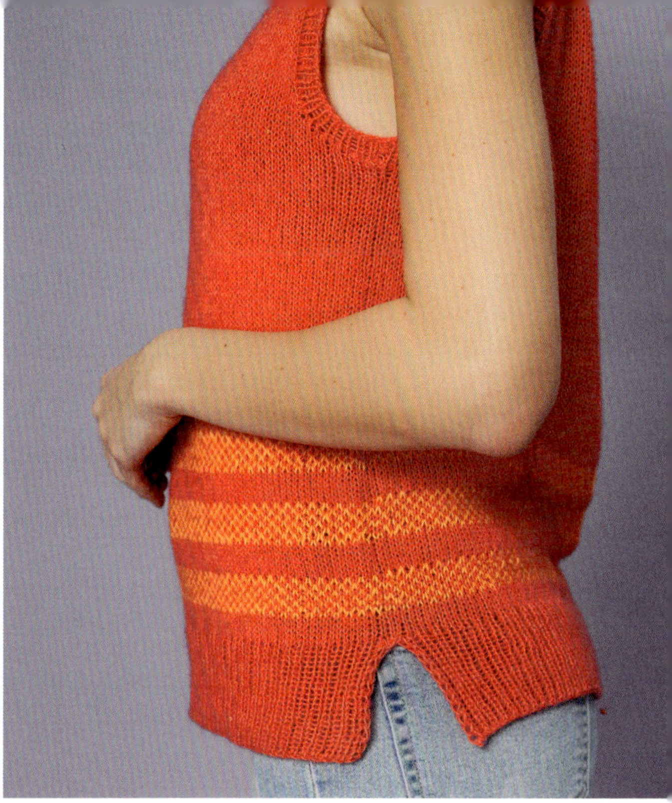

5. R: Rdm, 3 M links, Wende-M links str, 2 M links str, wenden.
7. R: Rdm, 5 M links, Wende-M links str, 2 M links str, wenden.
9. R: Rdm, 7 M links, Wende-M links str, 2 M links str, wenden.
11. R: Rdm, 9 M links, Wende-M links str, 2 M links str, wenden.
13. R: Rdm, 11 M links, Wende-M links str, 2 M links str, wenden.
15. R: Rdm, 13 M links, Wende-M links str, 2 M links str, wenden.
17. R: Rdm, 15 M links, Wende-M links str, 2 M links str, wenden.
19. R: Rdm, 17 M links, Wende-M links str, 2 M links str, wenden.
21. R: Rdm, 19 M links, Wende-M links str, 3 M links str, wenden.
Nur Größe 40-42 und 44-46:
23. R: Rdm, 21 M links, Wende-M links str, 3 M links str, wenden.
Nur Größe 44-46:
25. R: Rdm, 23 M links, Wende-M links str, 3 M links str, wenden.

Alle Größen:
Jetzt sind alle herausgestrickten M „aktiv“ und die obere Schulterkante ist erreicht. An der äußeren Kante einen MM zur Kennzeichnung einhängen.
22.-25./24.-29./26.-35. R: Zwischen den Rdm glatt rechts str.
Für die Ausschnittschrägung des Vorderteils M zunehmen wie folgt:
26./30./36. R (= Hinr): Rdm, 1 M rechts, 1 M linksgeneigt zunehmen, bis 1 M vor dem R-Ende rechts str, Rdm (= 25/27/29) M).
27./31./37. (und, wenn nicht anders angegeben, alle weiteren Rückr): Zwischen den Rdm alle M links str.
28./32./38. R: Zwischen den Rdm glatt rechts str.
30./34./40. R: Wie die 26./30./36. R str (= 26/28/30) M).
32./36./42. R: Zwischen den Rdm glatt rechts str.
34.-46./38.-50./44.-56. R: Wie die 26./30./36. R str (= 33/35/37 M).
47./51./57. R (= Rückr): Bis 2 M vor dem R-Ende links str, 1 M linksgeneigt zunehmen, 1 M links, Rdm (= 34/36/38 M).
48./52./58. R: Wie die 26./30./36. R str (= 35/37/39 M).
49./53./59. R (= Rückr): Bis 2 M vor dem R-Ende links str, 1 M linksgeneigt zunehmen, 1 M links, Rdm (= 36/38/40) M).
50./54./60. R: Wie die 26./30./36. R str (= 37/39/41 M).
51./55./61. R (= Rückr): Bis 2 M vor dem R-Ende links str, 1 M linksgeneigt zunehmen, 2 M links, 2 M neu aufschlingen (= 40/42/44 M).
52./56./62. R: Bis zur letzten M rechts str, Rdm.
53./57./63. R (= Rückr): Rdm, bis zum R-Ende links str, am R-Ende 2/3/3 M neu aufschlingen (= 42/45/47 M).
54.-55/58.-59./64.-65. R: Zwischen den Rdm glatt rechts str.
Die M auf einer Hilfsnadel stilllegen.

RECHTE SCHULTER

Aus dem Nahtrand der rechten Schulter in Himbeer gleichmäßig verteilt 24/26/28 M herausstr und mit verkürzten R glatt rechts str:
1. R (= Rückr): Rdm, bis 1 M vor dem R-Ende links str, Rdm.
2. R (= Hinr): Rdm, 2 M rechts, wenden.
3. R (und, wenn nicht anders angegeben, alle weiteren Rückr): 1 Wende-M, bis zur letzten M links str, Rdm.
4. R: Rdm, 1 M rechts, Wende-M rechts str, 2 M rechts, wenden.
6. R: Rdm, 3 M rechts, Wende-M rechts str, 2 M rechts str, wenden.
8. R: Rdm, 5 M rechts, Wende-M rechts str, 2 M rechts str, wenden.
10. R: Rdm, 7 M rechts, Wende-M rechts str, 2 M rechts str, wenden.
12. R: Rdm, 9 M rechts, Wende-M rechts str, 2 M rechts str, wenden.
14. R: Rdm, 11 M rechts, Wende-M rechts str, 2 M rechts str, wenden.
16. R: Rdm, 13 M rechts, Wende-M rechts str, 2 M rechts str, wenden.
18. R: Rdm, 15 M rechts, Wende-M rechts str, 2 M rechts str, wenden.
20. R: Rdm, 17 M rechts, Wende-M rechts str, 2 M rechts str, wenden.
22. R: Rdm, 19 M rechts, Wende-M rechts str, 3 M rechts str, wenden.
Nur Größe 40-42 und 44-46:
24. R: Rdm, 21 M rechts, Wende-M rechts str, 3 M rechts str, wenden.
Nur Größe 44-46:
26. R: Rdm, 23 M rechts, Wende-M rechts str, 3 M rechts str, wenden.
Alle Größen:
Jetzt sind alle herausgestrickten M „aktiv“ und die obere Schulterkante ist erreicht. An der äußeren Kante einen MM zur Kennzeichnung einhängen.
23.-25./25.-29./27.-35. R: Zwischen den Rdm glatt rechts str.
Für die Ausschnittschrägung die Zunahmen gegengleich zur linken Ausschnittseite arb.

Danach in der nächsten R beide Schulterteile zum Vorderteil zusammenfassen: Dafür zuerst die M des rechten Schulterteils mustergemäß str, dann 4/10/12 M neu aufschlingen und nun die M des linken Schulterteils mustergemäß str (= 88/100/106 M).
Weiter zwischen den Rdm alle M glatt rechts str, bis das Vorderteil die gleiche Länge hat, wie das Rückenteil (gemessen zwischen den seitlich eingehängten MM).
Die Zunahmen für die Armausschnitte ebenso wie beim Rückenteil arb (= 110/122/136 M).

RUMPF

Den Rumpf weiter in Himbeer in Rd glatt rechts str, dabei liegt der Rd-Wechsel unter dem linken Armausschnitt.
Zuerst die M des Vorderteils abstr, dann die M des Rückenteils, dann alle M zur Rd schließen. In Rd bis zu einer Länge von ca. 16 cm (gemessen ab den Armausschnitten) arb. Weiter in Jaquardtechnik insgesamt 3 Streifen arb wie folgt:
1 Jaquardstreifen, 6 Rd glatt rechts in Himbeer,
1 Jaquardstreifen, 6 Rd glatt rechts in Himbeer,
1 Jaquardstreifen.
Glatt rechts in Himbeer weiterstr bis zu einer Länge von 30 cm (gemessen ab den Armausschnitten).
Für das Bündchen in Himbeer über die ersten 110/122/136 M im Rippenmuster str, 1 M linksgeneigt zunehmen (= 111/123/137 M). Die übrigen 110/122/136 M auf einer Hilfsnd stilllegen. Die Arbeit wenden und 7 cm im Rippenmuster in R mit Kettmaschenrand das hintere Bündchen str. In einer Rückr alle M abk. Die stillgelegten M wieder aufnehmen und das vordere Bündchen ebenso str.

HALSBLENDE

Für die Halsblende in Himbeer gleichmäßig verteilt ca. 104/112/124 M aus der Halsausschnittkante herausstr, zur Rd schließen und im Rippenmuster str. In der 7. Rd alle M abk.

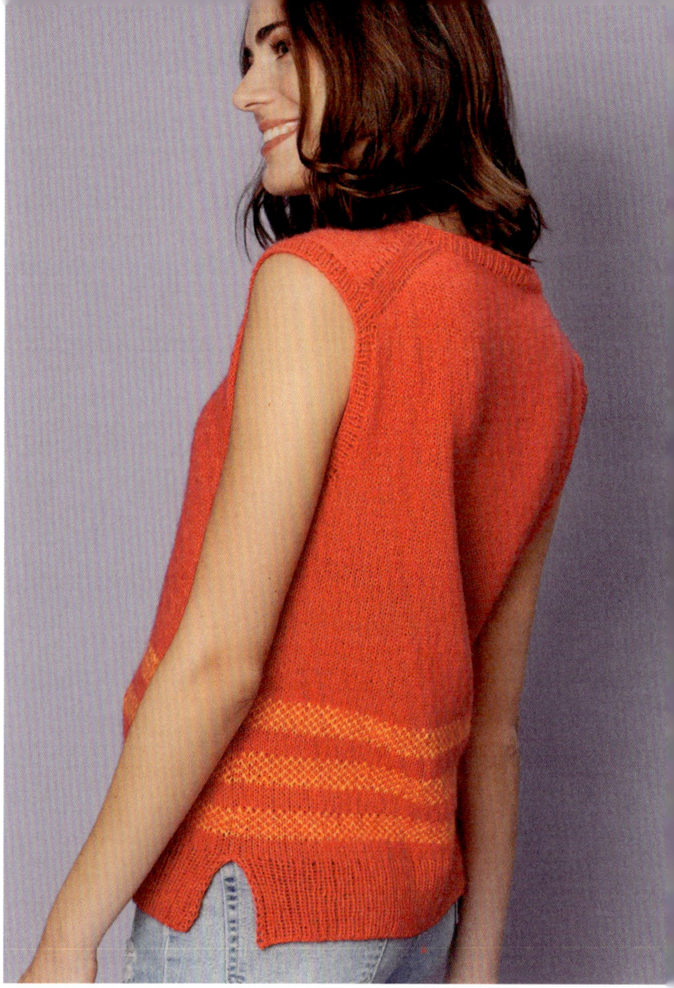

ARMBLENDEN

Für die Armblenden in Himbeer gleichmäßig verteilt jeweils ca. 124/132/140 M aus den Armausschnittkanten herausstr, zur Rd schließen und im Rippenmuster str. In der 5. Rd alle M abk.

FERTIGSTELLEN

Alle Fäden vernähen. Das Top anfeuchten, auf die in der Skizze angegeben Maße spannen und trocknen lassen.

WEICH & FLAUSCHIG

SHIRT MIT PUFFÄRMELN

GRÖSSEN

36-38/40-42/44-46
Die Angaben für die verschiedenen Größen sind durch Schrägstriche getrennt. Steht nur eine Angabe, so gilt diese für alle Größen.

MATERIAL

- Lana Grossa Cara (LL ca. 120 m/50 g) in Rosé (Fb 7), 400/400/450 g
- Rundstricknadeln 4,0 mm, 60 cm und 100 cm lang
- 5 Maschenmarkierer
- Wollnadel zum Vernähen

MASCHENPROBE

Glatt rechts mit Nd 4,0 mm
21 M und 25 Rd = 10 cm x 10 cm

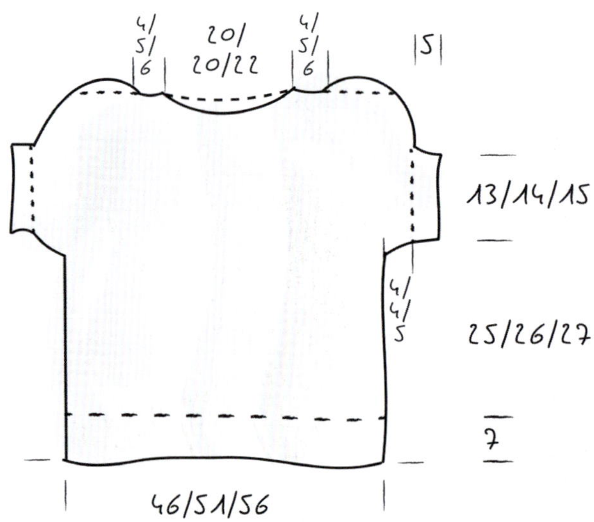

Alle Angaben in cm.

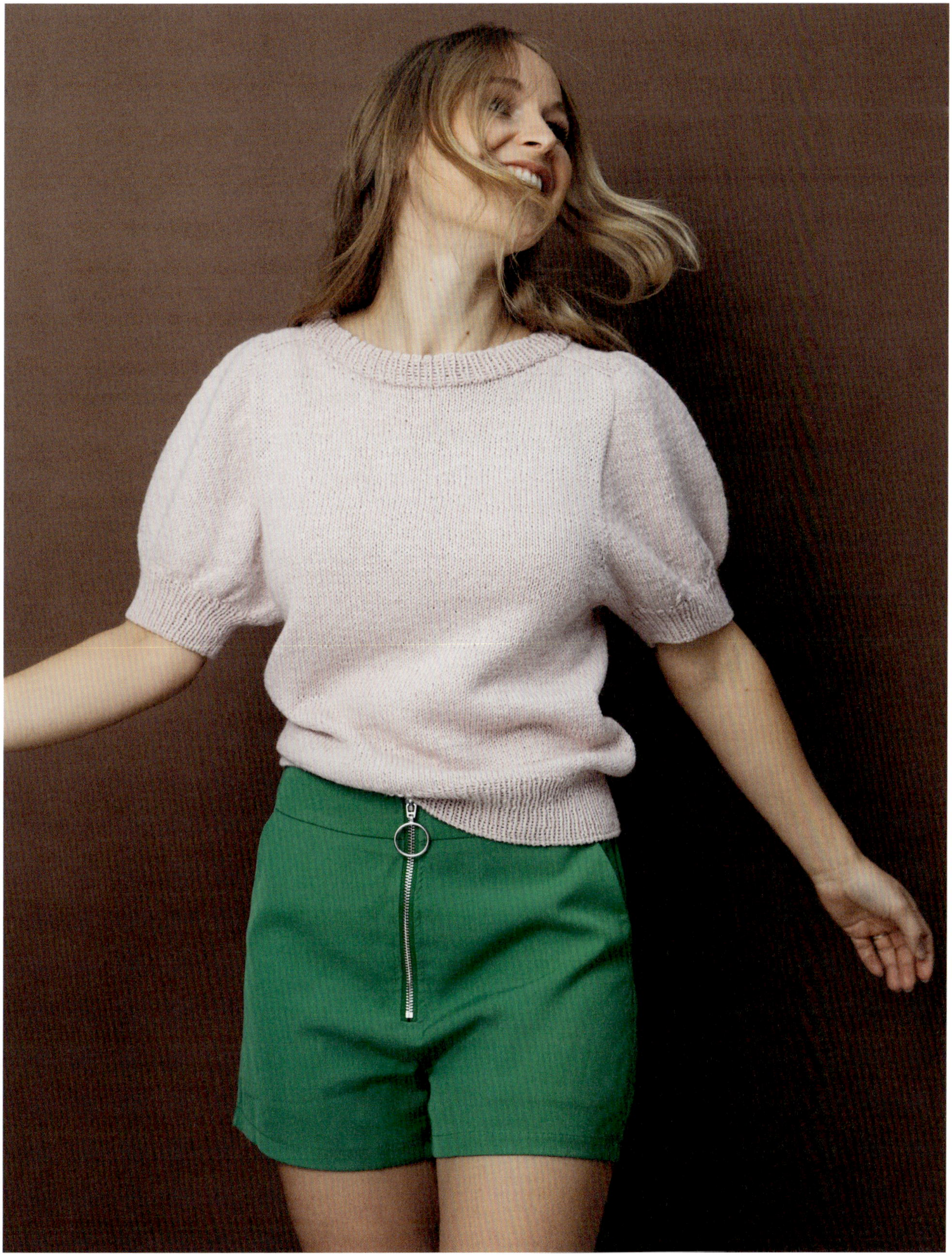

GLATT RECHTS

In Hinr rechte M, in Rückr linke M str.
In Rd alle M rechts str.

RIPPENMUSTER

In Rd, gerade M-Zahl
1 M rechts, 1 M links im Wechsel str.

WENDEMASCHE

1 M wie zum Linksstr abheben, den Faden von vorne über die Nd nach hinten ziehen, sodass sich eine doppelte M über die Nd legt.
In der nächsten R die Wende-M mustergemäß str, dabei beim Abstr der M darauf achten, dass beide M-Glieder gefasst werden.

1 MASCHE RECHTSGENEIGT ZUNEHMEN

In Hinr: Mit der linken Nd den Querfaden zwischen 2 M von hinten nach vorne aufnehmen und mit der rechten Nd rechts abstr.
In Rückr: Mit der linken Nd den Querfaden zwischen 2 M von hinten nach vorne aufnehmen und mit der rechten Nd links str.

1 MASCHE LINKSGENEIGT ZUNEHMEN

In Hinr: Mit der linken Nd den Querfaden zwischen 2 M von vorne nach hinten aufnehmen und mit der rechten Nd rechts verschränkt abstr.
In Rückr: Mit der linken Nd den Querfaden zwischen 2 M von vorne nach hinten aufnehmen und mit der rechten Nd links str.

1 MASCHE VERDOPPELN

1 M erst rechts str und auf der linken Nd belassen, dann noch einmal rechts verschränkt str.

ANLEITUNG

Das Shirt wird in Rd von oben nach unten gestrickt. Nach dem Bündchen werden zuerst die Zunahmen für die Schultern gestrickt. Dann wird in Rd für die Puffärmel zugenommen.

HALSBÜNDCHEN

110/110/114 M auf der kurzen Rundstricknd anschl, zur Rd schließen und 7 Rd im Rippenmuster str. Für die Umbruchkante in der folgenden Rd * 1 U, 2 M rechts überzogen zusammenstr (= 1 M wie zum Rechtsstr abheben, 1 M rechts, die abgehobene M überziehen), ab * fortlaufend wdh. Weitere 8 Rd im Rippenmuster str. Das Bündchen an der Umbruchkante nach innen umschlagen. In der nächsten Rd zuerst in die nächste M der linken Nd einstechen, dann zusätzlich 1 M aus der Anschlagkante auffassen. Diese beiden M rechts zusammenstr. Auf diese Weise alle M mit der Anschlagkante rechts zusammenstr.
MM einhängen, um den Rd-Wechsel in der hinteren Mitte zu markieren (= MMRd).

SCHULTERN

Um die Schultern zu markieren, werden in den folgenden beiden R 4 MM eingehängt. Gleichzeitig wird für den Halsausschnitt mit verkürzten R gearbeitet.
1. R (= Hinr): * 4 M rechts str, 1 M linksgeneigt zunehmen, ab * noch 3x wdh, 3/3/4 M rechts, 1 M linksgeneigt zunehmen, MM einhängen, 13 M rechts (= Schulter), MM einhängen, 1 M rechtsgeneigt zunehmen, 2 M rechts, wenden (= 6 M zugenommen).
2. R (= Rückr): Wende-M, bis zum 1. MM links str, 1 M rechtsgeneigt zunehmen, MM abheben, bis zum nächsten MM links str, MM abheben, 1 M linksgeneigt zunehmen, bis zum MMRd links str,

MM abheben, * 4 M links, 1 M rechtsgeneigt zunehmen, ab * noch 3x wdh, 3/3/4 M links, 1 M rechtsgeneigt zunehmen, MM einhängen, 13 M links (= Schulter), MM einhängen, 1 M linksgeneigt zunehmen, 2 M links, wenden (= 8 M zugenommen).
3. R: Wende-M, bis zum 1. MM rechts str, 1 M rechtsgeneigt zunehmen, MM abheben, bis zum nächsten MM rechts str, 1 M linksgeneigt zunehmen, bis zum MMRd rechts str, MM abheben, bis zum nächsten MM rechts str, 1 M rechtsgeneigt zunehmen, MM abheben, bis zum nächsten MM rechts str, MM abheben, 1 M linksgeneigt zunehmen, bis 2 M nach der Wende-M rechts str, wenden (= 4 M zugenommen).
4. R: Wende-M, bis zum 1. MM links str, 1 M rechtsgeneigt zunehmen, MM abheben, M bis zum nächsten MM links str, MM abheben, 1 M linksgeneigt zunehmen, bis zum MMRd links str, MM abheben, bis zum nächsten MM links str, 1 M rechtsgeneigt zunehmen, MM abheben, bis zum nächsten MM links str, MM abheben, 1 M linksgeneigt zunehmen, bis 2 M nach der Wende-M links str, wenden (= 4 M zugenommen).
Die 3. und 4. R noch 4x/5x/7x wdh.
In der nächsten R wie folgt str: Bis zum nächsten MM rechts str, 1 M rechtsgeneigt zunehmen, MM abheben, bis zum nächsten MM rechts str, MM abheben, 1 M linksgeneigt zunehmen, bis zum MMRd rechts str, MM abheben (= 166/174/194 M).
Die verkürzten R für den Halsausschnitt sind beendet. Weiter in Rd über alle M glatt rechts str und dabei weiter wie bisher in jeder Rd vor und nach den Schulter-M 0/1/2 Rd mit Zunahmen str (= 166/178/202 M).
In der nächsten Rd die Zunahmen für die Puffärmel über die Schulter-M wie folgt str:
Bis zum 1. MM rechts str, MM abheben, bis zum nächsten MM jede M verdoppeln (= 26 Schulter-M), MM abheben, bis zum nächsten MM rechts str, MM abheben, bis zum nächsten MM jede M verdoppeln (= 26 Schulter-M), MM abheben, bis zum Rd-Wechsel rechts str (= 192/204/228 M).
Ab jetzt mit den Zunahmen für die Ärmel beginnen. Dafür wie folgt str:
* Bis zum nächsten MM rechts str, MM abheben, 1 M linksgeneigt zunehmen, bis zum nächsten MM rechts str, 1 M rechtsgeneigt zunehmen, MM abheben, ab * noch 1x wdh, bis zum M-Markierer des Rd-Wechsels rechts str. Diese Zunahme-Rd für die Ärmel 18x in jeder Rd und 9x/10x/11x in jeder 2. Rd arb (= 300/316/344 M).
1 Rd rechts str, dabei die MM abheben. Für die Ärmel und den Rumpf nun beidseitig der MM

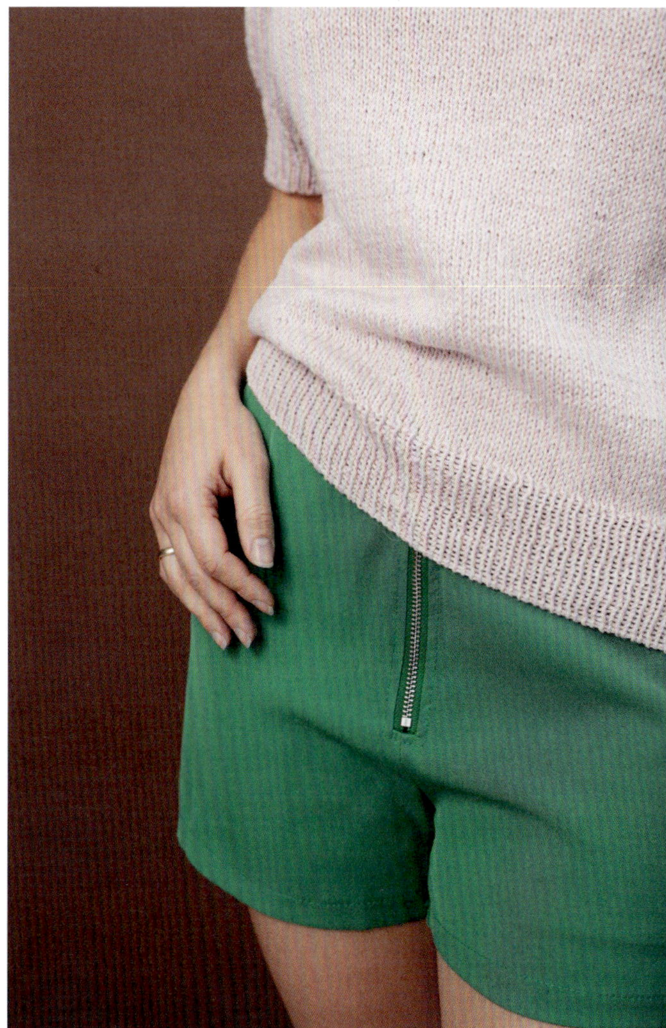

zunehmen wie folgt: * Bis 1 M vor den nächsten MM rechts str, 1 M rechtsgeneigt zunehmen, 1 M rechts, MM abheben, 1 M linksgeneigt zunehmen, bis zum nächsten MM rechts str, 1 M rechtsgeneigt zunehmen, MM abheben, 1 M rechts, 1 M linksgeneigt zunehmen, ab * noch 1x wdh, bis zum MMRd rechts str. Diese Zunahmen in jeder 2. Rd noch 3x/4x/5x wdh (= 332/356/392 M).
1 Rd rechts str, dabei die MM abheben.
Weiter für den Rumpf ab jetzt in jeder Rd und für die Ärmel in jeder 2. Rd zunehmen:
1. Rd: * Bis 1 M vor dem nächsten MM rechts str, 1 M rechtsgeneigt zunehmen, 1 M rechts, MM abheben, 1 M linksgeneigt zunehmen, bis zum nächsten MM rechts str, 1 M rechtsgeneigt zunehmen, MM abheben, 1 M rechts, 1 M linksgeneigt zunehmen, ab * noch 1x wdh, bis zum MMRd rechts str.
2. Rd: * Bis 1 M vor dem nächsten MM rechts str, 1 M rechtsgeneigt zunehmen, 1 M rechts, MM abheben, zum nächsten MM rechts str, MM abheben, 1 M rechts, 1 M linksgeneigt zunehmen, ab * noch 1x wdh, bis zum MMRd rechts str.
Die 1. und 2. Rd noch 2x/2x/3x wdh (= 368/392/440 M). 1 Rd rechts str, dabei die MM abheben.
Die Ärmel-M stilllegen wie folgt: Bis zum 1. MM rechts str, MM entfernen, die folgenden 92/93/102 M für den ersten Ärmel auf einer Hilfsnd stilllegen, 5/5/7 M neu anschlingen, bis zum nächsten MM rechts str, MM entfernen, die folgenden 92/93/102 M für den zweiten Ärmel auf einer Hilfsnd stilllegen, 5/5/7 M neu anschlingen, bis zum MMRd rechts str, MM abheben (= 194/216/250 M).
Für den Rumpf über die 194/216/250 M in Rd 25/26/27 cm glatt rechts str. Für das untere Bündchen 7 cm im Rippenmuster str. Alle M italienisch abk (s. Seite 86).

ÄRMEL

Für den ersten Ärmel die 92/93/102 stillgelegten M auf die kurze Rundstricknd heben, aus den neu für den Rumpf angeschlagenen M 7/7/9 M herausstr, (= 99/100/111 M). In Rd glatt rechts str, dabei in der 1. Rd bis 1 M vor die neu herausgestrickten M rechts str, MM zur Kennzeichnung des Rd-Wechsels einhängen, die nächste M mit der 1. herausgestrickten M rechts zusammenstr, 5/5/7 M rechts str, die nächsten beiden M rechts zusammenstr, bis zum Rd-Wechsel rechts str (= 97/98/109 M). 6 Rd glatt rechts str, dabei in der 6. Rd die ersten beiden M rechts zusammenstr/die 1. M verdoppeln/die 1. M verdoppeln (= 96/99/110 M).
7. Rd: Jede 7. und 8./8. und 9./9. und 10. M rechts zusammenstr (= 84/88/99 M).
8. Rd: Jede 6. und 7./7. und 8./8. und 9. M rechts zusammenstr (= 72/77/88 M).
9. Rd: Jede 5. und 6./6. und 7./7. und 8. M rechts zusammenstr (= 60/66/77 M).
Größe 44/46:
Bis 2 M vor dem Rd-Wechsel rechts str, 2 M rechts zusammenstr (= -/-/76 M).
Alle Größen:
5 cm im Rippenmuster str. Alle M italienisch abk.
Den zweiten Ärmel ebenso str.

FERTIGSTELLEN

Alle Fäden vernähen. Das Shirt anfeuchten, auf die in der Skizze angegebenen Maße spannen und trocknen lassen.

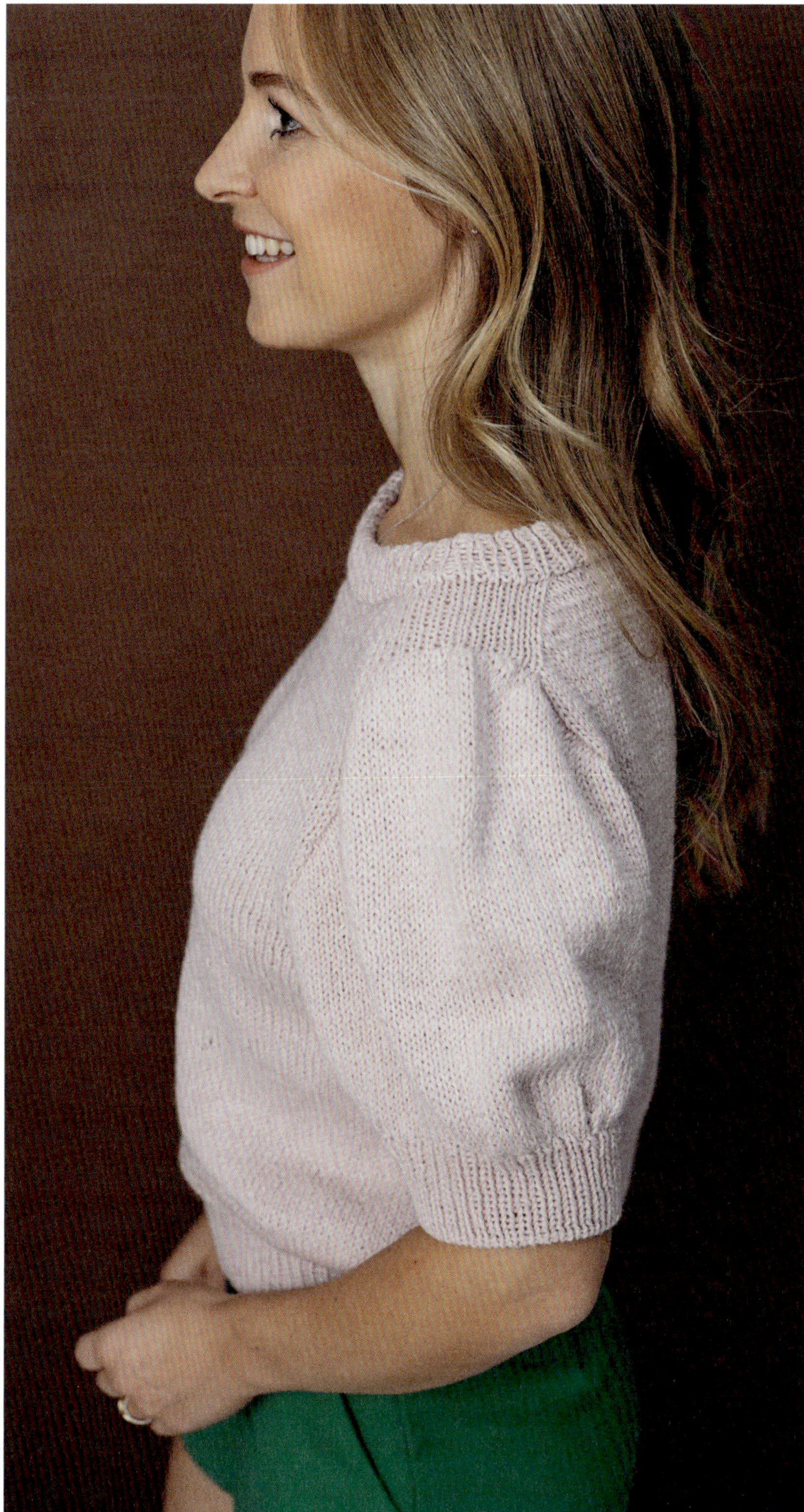

SPANNENDE STRUKTUR

TOP MIT TROPFENRIPPEN

GRÖSSEN

36-38/40-42/44-46
Die Angaben für die verschiedenen Größen sind durch Schrägstriche getrennt. Steht nur eine Angabe, so gilt diese für alle Größen.

MATERIAL

- Lana Grossa Bacca (LL ca. 120 m/ 50 g) in Beige (Fb 06), 250/300/300 g
- Rundstricknadel 4,0 mm, 80 cm lang
- Wollnadel zum Vernähen

MASCHENPROBE

Im Tropfenmuster mit Nd 4,5 mm
20 M und 24 R = 10 cm x 10 cm

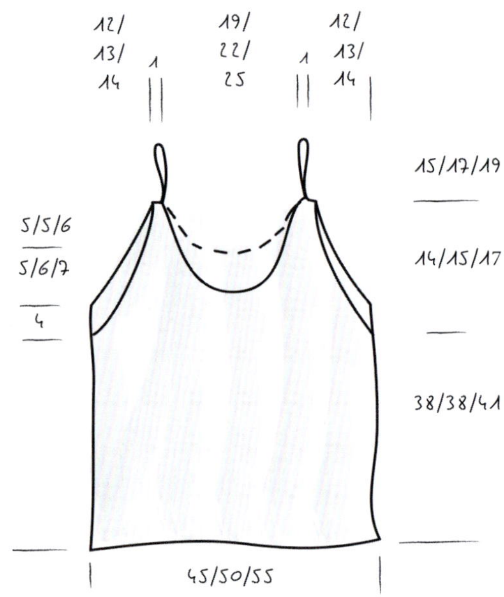

Alle Angaben in cm.

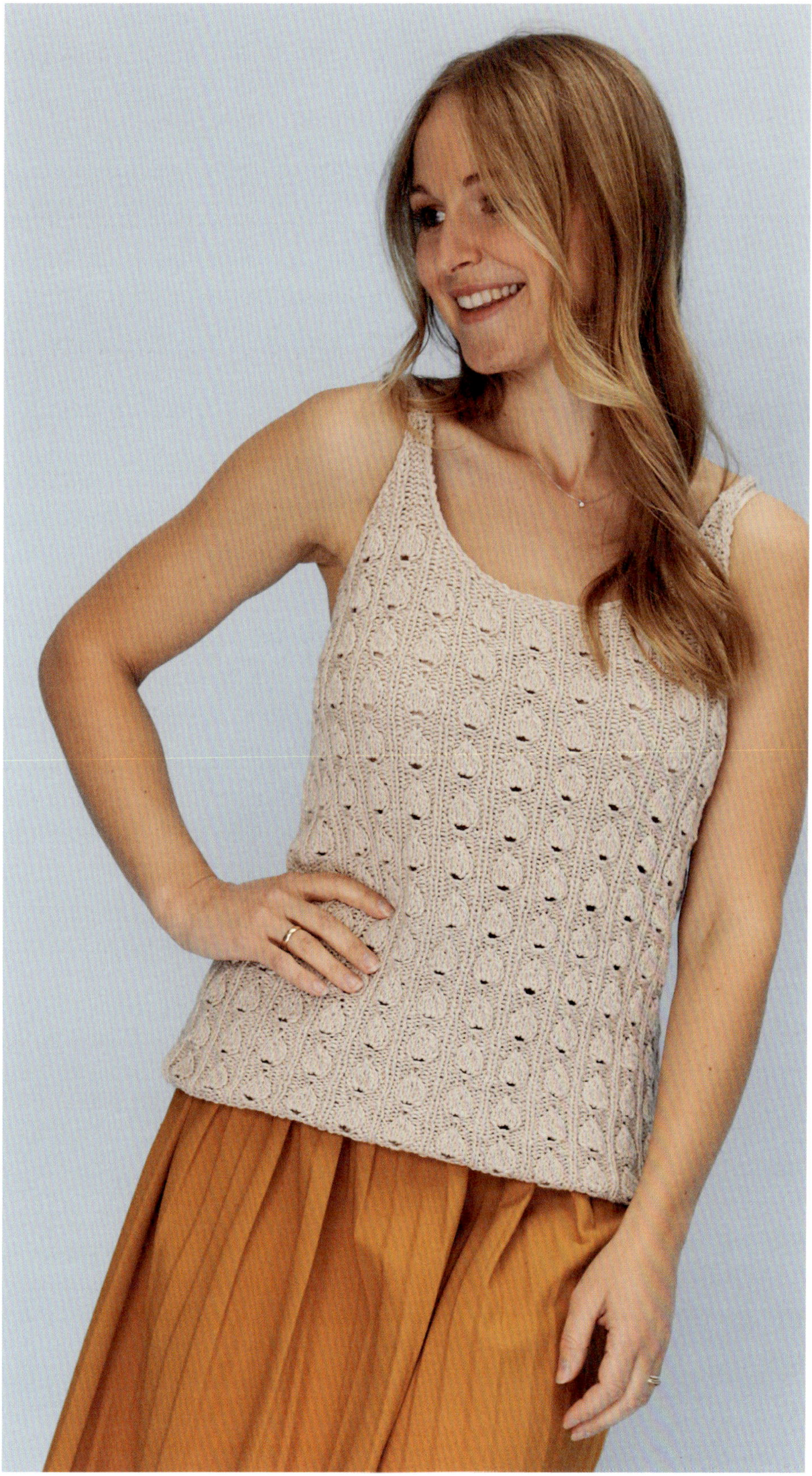

TROPFEN-RIPPENMUSTER

Es sind Hin- und Rückr gezeichnet. Mit dem Rapport beginnen, den Rapport fortlaufend wdh und mit der M nach dem Rapport enden.

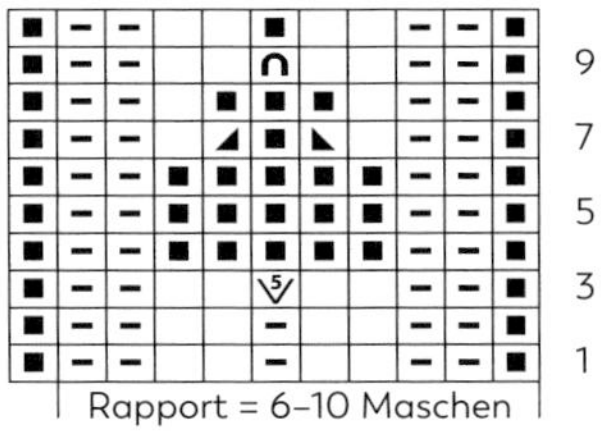

- ■ = 1 Masche rechts
- – = 1 Masche links
- ○ = 1 Umschlag
- ◢ = 2 Maschen rechts zusammenstricken
- ◣ = 2 Maschen rechts überzogen zusammenstricken: 1 Masche wie zum Rechtsstricken abheben, die nächste Masche rechts stricken und die abgehobene Masche überziehen
- ⁵∨ = 5 Maschen aus 1 Masche stricken: 1 Masche rechts stricken, die Masche auf der linken Nadel belassen, 1 Umschlag, auf diese Weise noch 1 Masche rechts, 1 Umschlag, 1 Masche rechts aus der Masche stricken
- ∩ = 3 Maschen mit aufliegender Mittelmasche zusammenstricken: 2 Maschen gleichzeitig wie zum Rechtsstricken abheben, 1 Masche rechts stricken und die abgehobenen Maschen überziehen
- □ = keine Bedeutung, dient der besseren Übersicht

RIPPENMUSTER

In R, ungerade M-Zahl.
Hinr: 1 M rechts, 1 M links im Wechsel str, enden mit 1 M rechts.
Rückr: Die M str, wie sie erscheinen.

GLATT RECHTS

In Hinr rechte M, in Rückr linke M str.

KRAUS RECHTS

In Hinr und Rückr rechte M str.

DOPPELTE RANDMASCHE

Die ersten und letzten beiden M jeder R wie folgt str: 1 M wie zum Linksstr abheben, 1 M rechts.

NAHTRAND

Hinr: Die erste und letzte M rechts str.
Rückr: Die erste und letzte M links str.

ANLEITUNG

Vorder- und Rückenteil werden einzeln gestrickt und zusammengenäht. Sie können nach Belieben vertauscht werden. Das Vorder- und Rückenteil bis zum Beginn der Armausschnitte mit Nahtrand, danach und an den Innenkanten des Halsausschnitts mit DRdm str.

VORDERTEIL

83/93/101 M anschl und für das untere Bündchen 5 R kraus rechts str, dabei mit einer Rückr beginnen.
Danach die M einteilen wie folgt: Rdm, 1/3/1 M glatt rechts, Tropfen-Rippenmuster laut Strickschrift bis 2/4/2 M vor dem R-Ende fortlaufend wdh, 1/3/1 M glatt rechts, Rdm. In dieser Einteilung bis zu einer Gesamthöhe von ca. 38/38/41 cm str, mit einer 2. Muster-R enden.
Die Armausschnitte wie folgt str:
Größe 36/38 und 40/42:
1. R (= Hinr): 4/6 M abk, 1 M rechts (als Basis für die DRdm), 1 M rechts, mustergemäß bis 7/9 M vor dem R-Ende str, 3 M links, 4/6 M rechts.
2. R (= Rückr): 4/6 M abk, 1 M rechts (als Basis für die DRdm), 1 M links, mustergemäß bis 3 M vor dem R-Ende str, 1 M links, DRdm.
3. R: DRdm, 2 M rechts überzogen zusammenstr (= 1 M wie zum Rechtsstr abheben, 1 M rechts, die abgehobene M überziehen), mustergemäß bis 4 M vor dem R-Ende str, 2 M rechts zusammenstr, DRdm.
4. R und alle folgenden Rückr: DRdm, mustergemäß bis 2 M vor R-Ende str, DRdm.
Die 3. und 4. R noch 16x/18x wdh.
Größe 44/46:
1. R (= Hinr): 8 M abk, 1 M re (als Basis für die DRdm), 1 M rechts, 3 M links, mustergemäß bis 13 M vor dem R-Ende str, 5 M links, 1 M rechts, 5 M links, 2 M rechts.

2. R (= Rückr): 8 M abk, 1 M re (als Basis für die DRdm), 1 M links, 3 M rechts, mustergemäß bis 3 M vor dem R-Ende str, 1 M links, DRdm.
3. R: DRdm, 2 M rechts überzogen zusammenstr (= 1 M wie zum Rechtsstr abheben, 1 M rechts, die abgehobene M überziehen), 2 M links, mustergemäß bis 6 M vor dem R-Ende str, 2 M links, 2 M rechts zusammenstr, DRdm.
4. R und alle folgenden Rückr: DRdm, mustergemäß bis 2 M vor R-Ende str, DRdm.
Die 3. und 4. R noch 20x wdh.

Alle Größen:
Achtung: Beim Stricken der Abnahmen in der 3. Musterreihe darauf achten, dass beim ersten und letzten Musterrapport die M für den Tropfen nur dann herausgestrickt werden, wenn der komplette Tropfen in der Höhe zu Ende gestrickt werden kann. Ansonsten die entsprechende M in der 3. Musterreihe und in den folgenden R glatt links str.
GLEICHZEITIG für den Halsausschnitt in einer Höhe von 42/42/45 cm, nach einer 2. Muster-R die mittleren 15 M abk und die Seiten getrennt voneinander beenden. Für die Ausschnittsschrägung an der inneren Kante in jeder 2. R 1x 3 M, 1x 2 M und 3x 1 M/1x 3 M, 2x 2 M und 2x 1 M/1x 3 M, 2x 2 M und 2x 1 M abk (= 5 M).

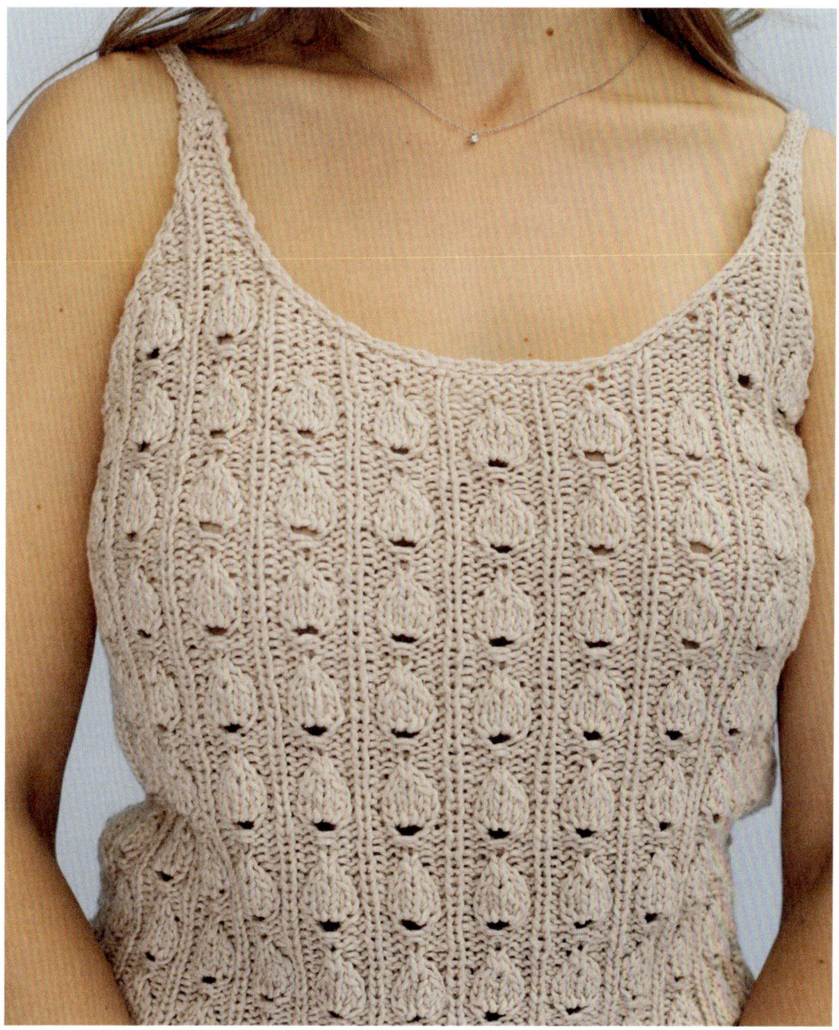

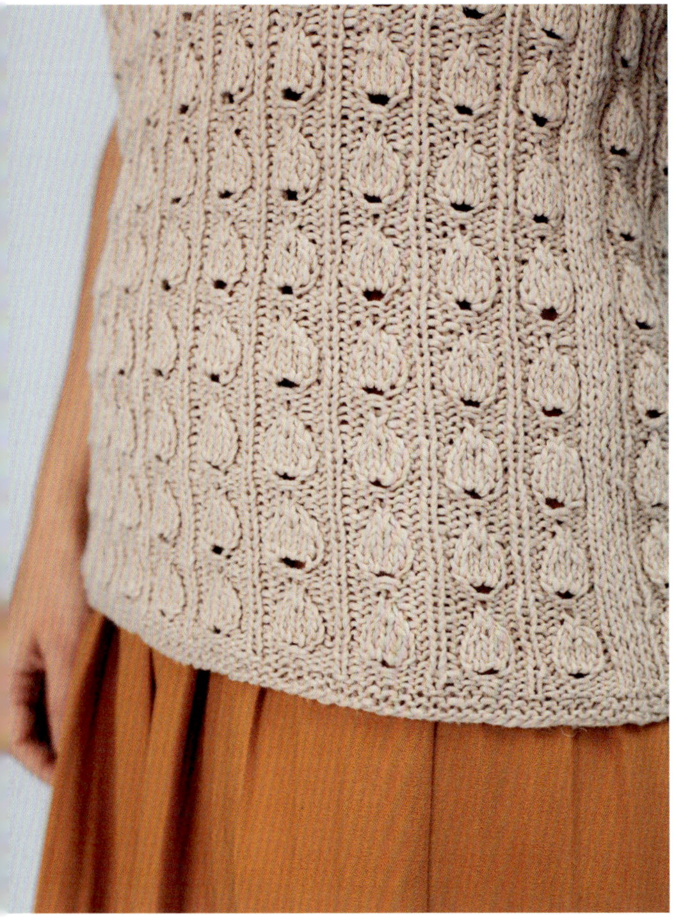

Aus den verbleibenden 5 M eine Strickkordel arb wie folgt: 5 M rechts str, * die Arbeit nicht wenden, die Nd durch die M nach vorne schieben und erneut 5 M rechts str, dabei die 1. M fest anziehen, ab * bis zu einer Länge von 15/17/19 cm fortlaufend wdh. Alle M abk.
Die andere Seite gegengleich beenden.

RÜCKENTEIL

Wie das Vorderteil str, jedoch mit den Abnahmen für den Halsausschnitt erst in einer Höhe von 47/48/52 cm beginnen. Die mittleren 19 M abk und die Seiten getrennt beenden. Für die Ausschnittschrägung an der inneren Kante in jeder 2. R 1x 3 M, 1x 2 M und 1x 1 M/2x 3 M und 1x 1 M/2x 3 M und 1x 1 M abk (= 5 M). Die restlichen M abk, dabei die DRdm vor dem Abketten rechts zusammenstr.

FERTIGSTELLEN

Beide Teile anfeuchten, auf die in der Skizze angegebenen Maße spannen und trocknen lassen. Die Seitennähte schließen. Nacheinander aus der Halsausschnittkante des Vorderteils 56/60/64 M und aus der Halsausschnittkante des Rückenteils 42/48/54 M herausstr, jeweils 1 Rückr linke M str und dabei alle M abk. Die Träger des Vorderteils an die Ausschnittspitzen des Rückenteils nähen. Alle Fäden vernähen.

MUSTER-EFFEKTE

SHIRT MIT WELLENMUSTER

GRÖSSEN

36-38/40-42/44-46
Die Angaben für die verschiedenen Größen sind durch Schrägstriche getrennt. Steht nur eine Angabe, so gilt diese für alle Größen.

MATERIAL

- Lamana Cosma (LL ca. 100 m/50 g) in Basaltblau (Fb 46), 350/400/400 g und in Taubenblau (Fb 36), 100 g
- Rundstricknadel 4,0 mm, 80 cm lang
- Wollnadel zum Vernähen

MASCHENPROBE

Im Wellenmustermuster mit Nd 4,0 mm 20 M und 24 R = 10 cm x 10 cm
1 Höhenrapport misst 5 cm.

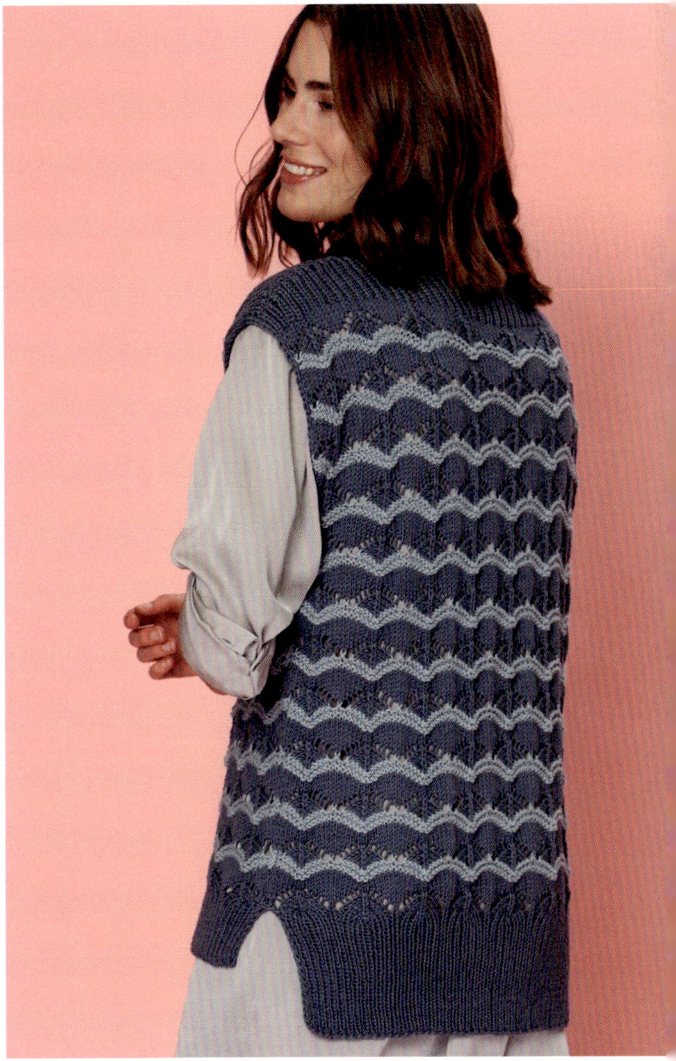

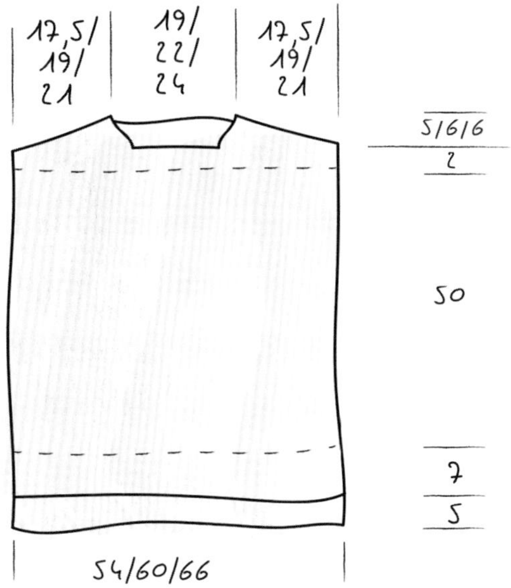

Alle Angaben in cm.

RIPPENMUSTER

In R, ungerade M-Zahl.
Hinr: 1 M rechts, 1 M links im Wechsel str, enden mit 1 M rechts.
Rückr: Die M str, wie sie erscheinen.

DOPPELTE RANDMASCHEN

Die ersten und letzten beiden M jeder R wie folgt str: 1 M wie zum Linksstr abheben, 1 M rechts.

NAHTRAND

Hinr: Die erste und letzte M rechts str.
Rückr: Die erste und letze M links str.

3 MASCHEN BETONT ZUSAMMENSTRICKEN

Hinr: 2 M zusammen wie zum Rechtsstr abheben, 1 M rechts, die abgehobenen M zusammen über die gestrickte M ziehen.
Rückr: Die nächste M auf einer Hilfsnd vor die Arbeit legen, die folgende M der linken Nd auf die rechte Nd heben, dann die M der Hilfsnd wieder auf die linke Nd heben und auch die M der rechten Nd wieder auf die linke Nd heben. So wird die Reihenfolge der 1. und 2. M getauscht. Dann alle 3 M links zusammenstr.

WELLENMUSTER

1. R (Basaltblau, Hinr): Rdm, * 1 M rechts, 1 U, 4 M rechts, 3 M betont zusammenstr (Hinr), 4 M rechts, 1 U, ab * fortlaufend wdh, Rdm.
2. R (Basaltblau, Rückr): Rdm, * 1 M links, 1 U, 3 M links, 3 M betont zusammenstr (Rückr), 3 M links, 1 U, 2 M links, ab * fortlaufend wdh, Rdm.
3. R (Basaltblau): Rdm, * 3 M rechts, 1 U, 2 M rechts, 3 M betont zusammenstr, 2 M rechts, 1 U, 2 M rechts, ab * fortlaufend wdh, Rdm.
4. R (Basaltblau): Rdm, * 3 M links, 1 U, 1 M links, 3 M betont zusammenstr, 1 M rechts, 1 U, 4 M links, ab * fortlaufend wdh, Rdm.

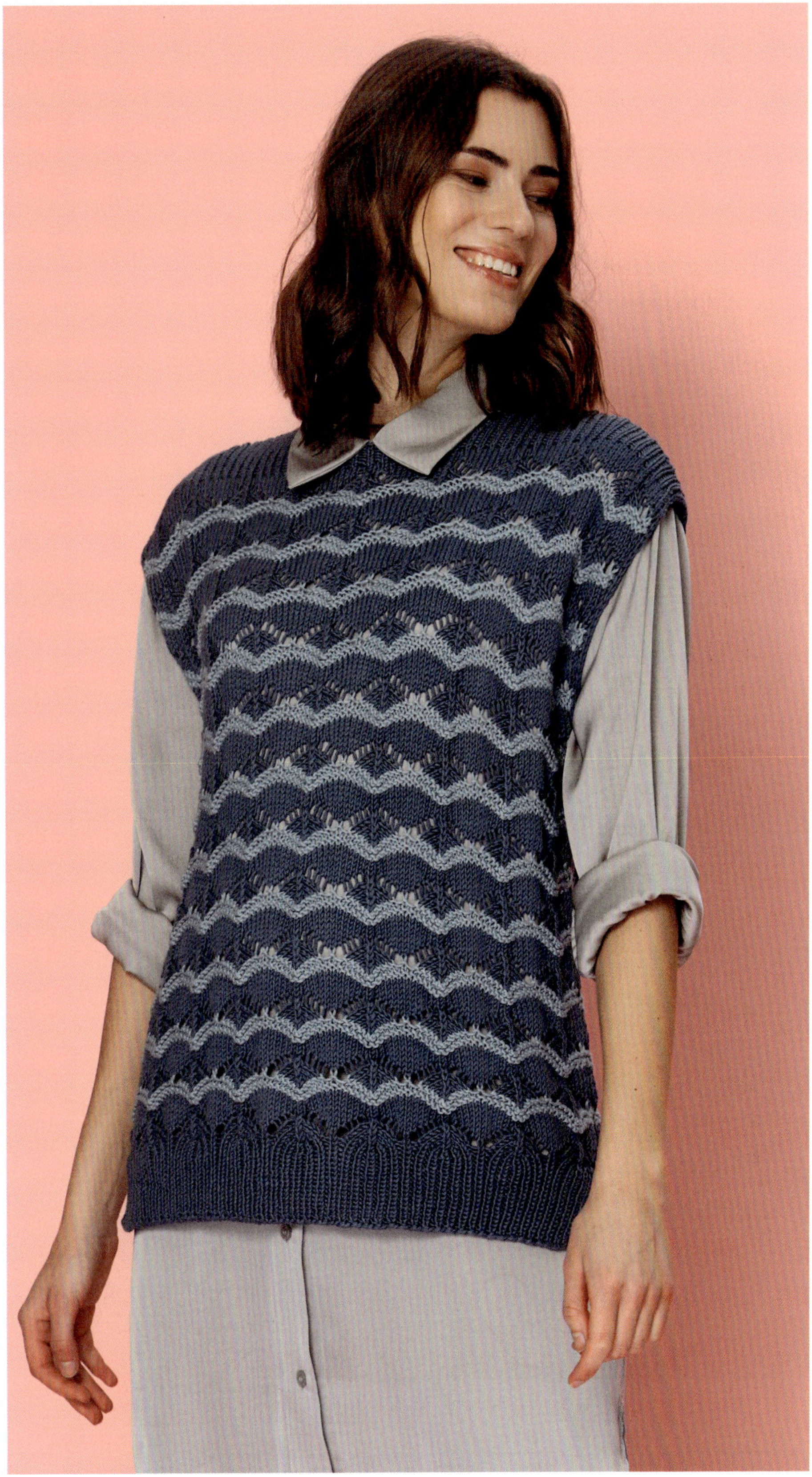

5. R (Basaltblau): Rdm, * 5 M rechts, 1 U, 3 M betont zusammenstr, 1 U, 4 M rechts, ab * fortlaufend wdh, Rdm.
6.+8. R (Basaltblau): Rdm, bis zur letzten M links str, Rdm.
7. R (Basaltblau): Rdm, bis zur letzten M rechts str, Rdm.
9.-12. R (Taubenblau): Rdm, bis zur letzten M rechts str, Rdm.
Die 1.-12. R fortlaufend wdh, enden mit einer 8. R.

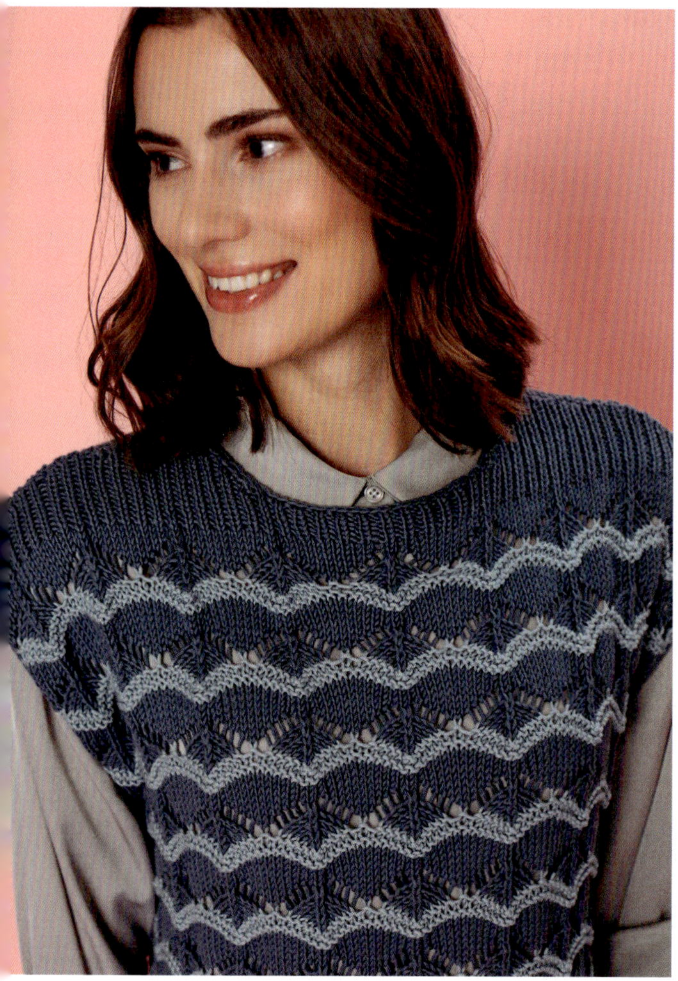

WENDEMASCHE

1 M wie zum Linksstr abheben, den Faden von vorne über die Nd nach hinten ziehen, sodass sich eine doppelte M über die Nd legt.
In der nächsten R die Wende-M mustergemäß str, dabei beim Abstr der M darauf achten, dass beide M-Glieder gefasst werden.

ANLEITUNG

Vorder- und Rückenteil werden einzeln gestrickt. Nach dem Schließen der Schulternähte werden die Ärmelblenden angestrickt und zum Schluss die Seitennähte geschlossen.
Die unteren Bündchen werden im Rippenmuster mit DRdm gestrickt, auch die Rdm des Halsausschnitts beim Vorderteil werden als DRdm gearbeitet. Alle anderen Ränder werden mit Nahtrand gearbeitet.

RÜCKENTEIL

In Basaltblau 111/123/135 M anschl und zwischen den DRdm im Rippenmuster str, dabei mit 1 Rückr und nach der DRdm mit 1 M rechts beginnen. In einer Höhe von 12 cm im Wellenmuster weiterstr und in der 1. R 1x 2 M rechts zusammenstr (= 110/122/134 M), dabei die Rdm von jetzt an als Nahtrand str.
In einer Höhe von ca. 62 cm nach einer 8. Muster-R in Basaltblau im Rippenmuster weiterstr, dabei in der 1. R 1x 1 M verdoppeln (= 111/123/135 M). Für die Schulterschrägung nach 2 cm im Rippenmuster mit verkürzten R arb. Dafür bis 6/5/6 M vor dem R-Ende str, wenden, Wende-M, bis 6/5/6 M vor dem R-Ende str, wenden, Wende-M, bis 5 M vor die Wende-M str, wenden und wieder bis 5 M vor die Wende-M str, wenden. Auf diese Weise auf beiden Seiten noch 4x bis jeweils 5 M/5x bis jeweils 5 M/3x bis jeweils 5 M und 2x bis jeweils 6 M vor die Wende-M str (= 39/41/47 aktive M). Wenden, Wende-M, im Rippenmuster bis zum R-Ende str. In der nächsten Hinr alle M rechts str und die M abk.

VORDERTEIL

In Basaltblau 111/123/135 M anschl und zwischen den DRdm im Rippenmuster str, dabei mit 1 Rückr und 1 M rechts beginnen. In einer Höhe von 7 cm weiter im Wellenmuster str und in der 1. R 1x 2 M rechts zusammenstr (= 110/122/134) M, dabei die Rdm von jetzt an als Nahtrand str.
In einer Höhe von ca. 57 cm nach einer 8. Muster-R in Basaltblau im Rippenmuster weiterstr, dabei in der 1. R 1x 1 M verdoppeln (= 111/123/135) M. Für die Schulterschräge nach 2 cm im Rippenmuster mit verkürzten R wie beim Rückenteil arb. GLEICHZEITIG mit Beginn der Schulterschräge für den Halsausschnitt die mittleren 23/25/31 M abk und die Seiten getrennt beenden. An der inneren Ausschnittkante DRdm str.
Für die Ausschnittschrägung in den Hinr arb wie folgt: DRdm, 2 M rechts überzogen zusammenstr (= 1 M wie zum Rechtsstr abheben, 1 M rechts, die abgehobene M überziehen), bis zum R-Ende mustergemäß str. In den Rückr bis 3 M vor dem R-Ende mustergemäß str, 1 M links, DRdm.
Die Abnahmen in jeder Hinr insgesamt 5x arb.
Die Arbeit erneut wenden, bis zum R-Ende str und in der nächsten Hinr alle M abk, dabei bei den Wende-M darauf achten, dass beide Schlingen der Wende-M gefasst werden.
Die andere Seite gegengleich beenden. Dafür in den Hinr die Abnahmen wie folgt str: Bis 4 M vor dem R-Ende mustergemäß str, 2 M rechts zusammenstr, DRdm. Die Rückr mit DRdm, 1 M links beginnen und mustergemäß beenden.

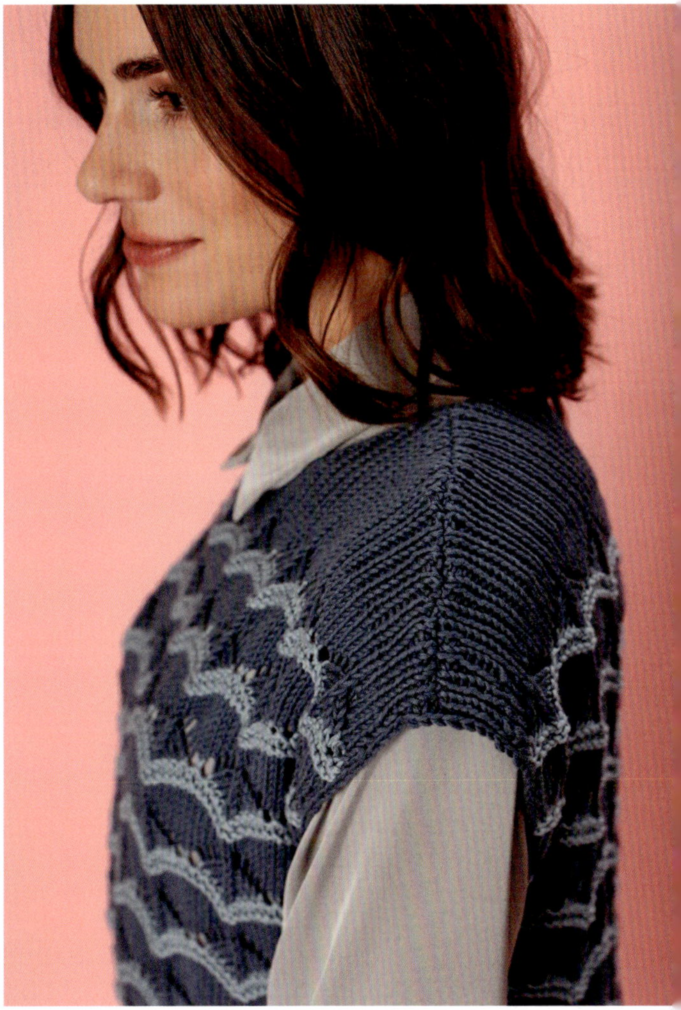

FERTIGSTELLEN

Beide Teile anfeuchten, auf die in der Skizze angegebenen Maße spannen und trocknen lassen. Die Schulternähte schießen. Für die Ärmelblenden jeweils eine Markierung an Vorder- und Rückenteil 21/22/25 cm von der Schulternaht entfernt setzen. Dazwischen in Basaltblau 68/72/80 M herausstr. In der nächsten R alle M rechts str und dabei abk. Die Querseite der Ärmelblende und die Seitennähte bis zum Beginn des Bündchens schließen.

STRUKTUR-EFFEKTE

TOP IM HEBEMASCHENMUSTER

GRÖSSEN

36-38/40-42/44-46
Die Angaben für die verschiedenen Größen sind durch Schrägstriche getrennt. Steht nur eine Angabe, so gilt diese für alle Größen.

MATERIAL

- Lang Yarns Liza (LL ca. 165 m/50 g) in Orange (Fb 59), 150/150/150 g, Altrosa (Fb 48) und Lachs (Fb 27), je 100 g
- Rundstricknadel 3,0 und 3,5 mm, je 80 cm lang
- Rundstricknadel 3,0 mm, 60 cm lang
- Hilfsnadel (kurze Rundstricknadel 3,0 mm oder kleiner)
- Wollnadel zum Vernähen

MASCHENPROBE

Im Hebemaschenmuster mit Nd 3,5 mm
28 M und 38 R = 10 cm x 10 cm

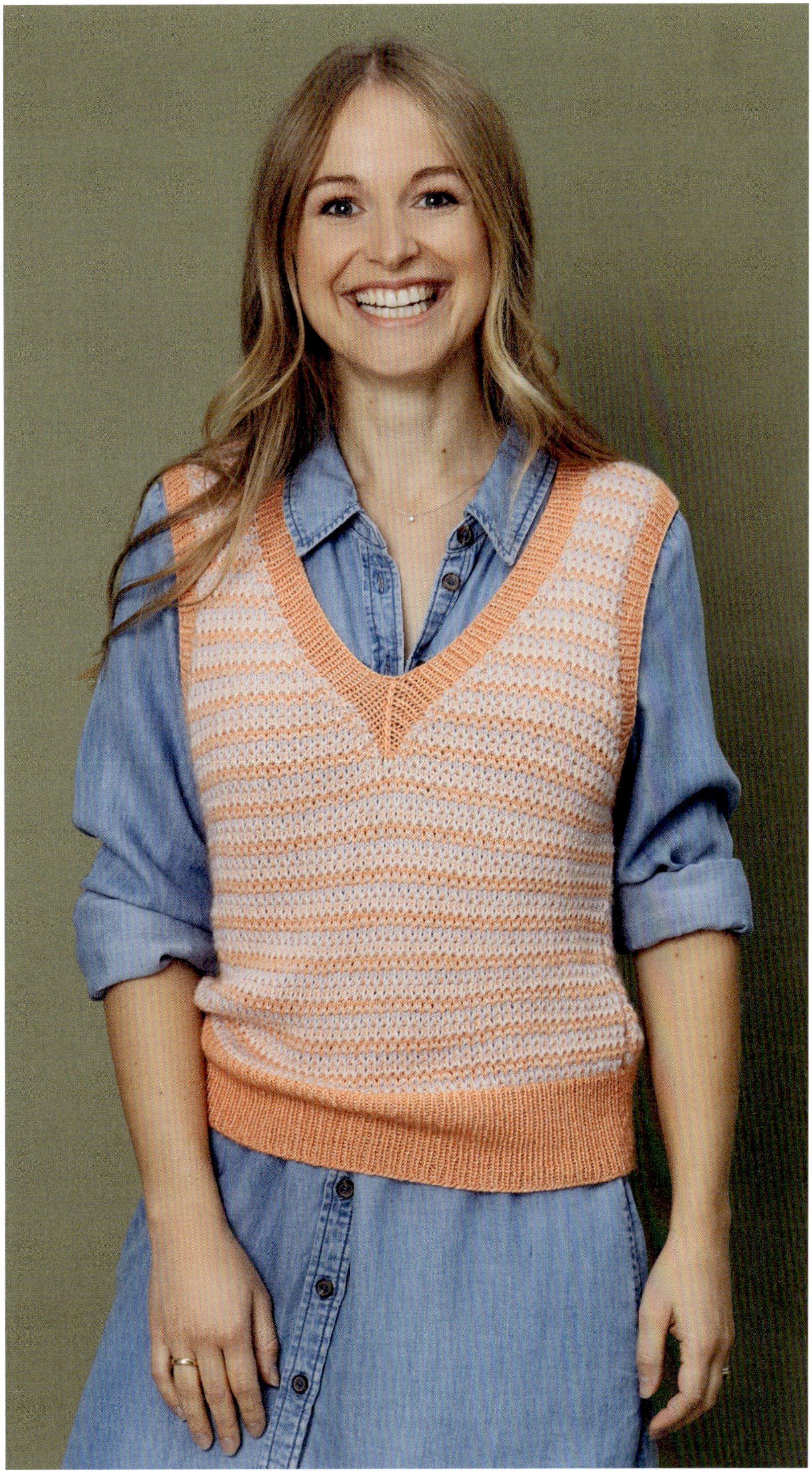

NAHTRAND

Hinr: Die erste und letzte M rechts str.
Rückr: Die erste und letzte M links str.

RIPPENMUSTER

In Hinr: 1 M rechts, 1 M links im Wechsel str.
In Rückr: Die M str, wie sie erscheinen.
In Rd 1 M rechts, 1 M links im Wechsel str.

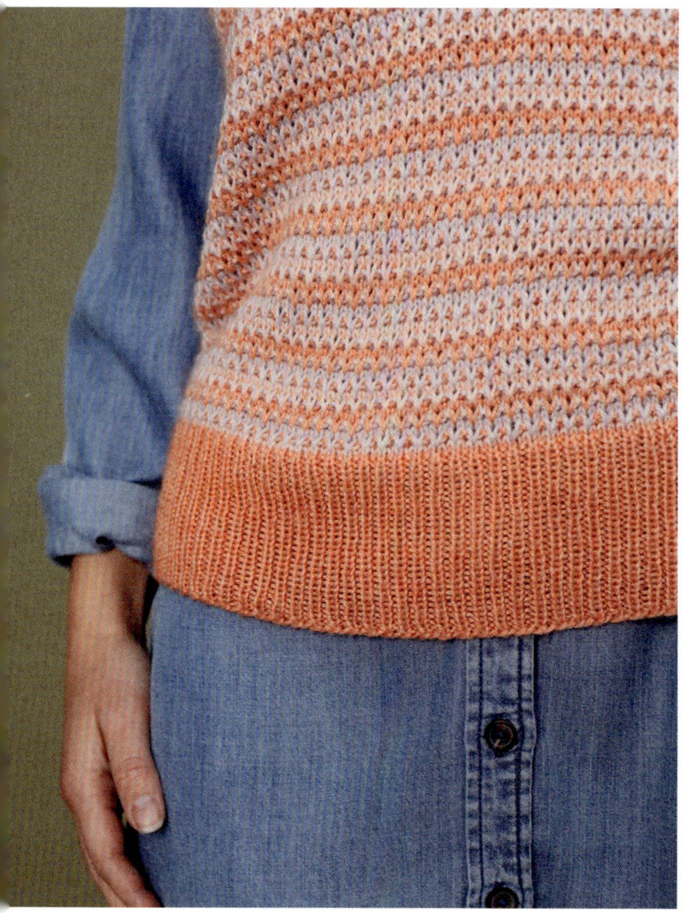

BETONTE ABNAHME AN DER RECHTEN KANTE

Die 2. und 3. M der R rechts überzogen zusammenstr (= 1 M wie zum Rechtsstr abheben, 1 M rechts, die abgehobene M über die gestrickte M ziehen).

BETONTE ABNAHME AN DER LINKEN KANTE

Die zweit- und drittletzte M der R rechts zusammenstr.

HEBEMASCHENMUSTER

Es sind Hin- und Rückr gezeichnet. Mit der Rdm vor dem Rapport beginnen, den Rapport von 2 M fortlaufend wdh und mit den M nach dem Rapport enden. Die 1.-12. R stets wdh.

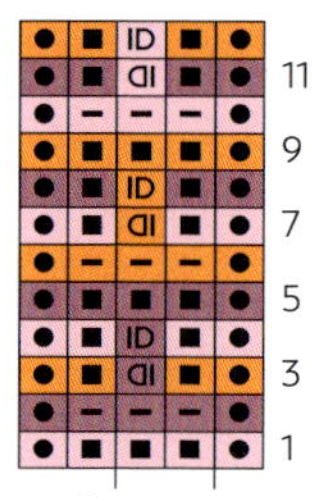

● = 1 Randmasche in Orange
● = 1 Randmasche in Altrosa
● = 1 Randmasche in Lachs
■ = 1 Masche rechts in Orange
■ = 1 Masche rechts in Altrosa
■ = 1 Masche rechts in Lachs
– = 1 Masche links in Orange
– = 1 Masche links in Altrosa
– = 1 Masche links in Lachs
ᗡI = 1 Masche in Orange wie zum Linksstricken abheben mit dem Faden hinter der Masche.
ᗡI = 1 Masche in Altrosa wie zum Linksstricken abheben mit dem Faden hinter der Masche.
ᗡI = 1 Masche in Lachs wie zum Linksstricken abheben mit dem Faden hinter der Masche.
ID = 1 Masche in Orange wie zum Linksstricken abheben mit dem Faden vor der Masche.
ID = 1 Masche in Altrosa wie zum Linksstricken abheben mit dem Faden vor der Masche.
ID = 1 Masche in Lachs wie zum Linksstricken abheben mit dem Faden vor der Masche.

ANLEITUNG

Vorder- und Rückenteil des Tops werden getrennt gestrickt. Nach dem Schließen der Schulternähte werden Ausschnitt- und Ärmelblenden angestrickt und zuletzt die Seitennähte geschlossen. Alle Rdm werden als Nahtrand gearbeitet.

VORDERTEIL

In Orange mit Nd 3,0 mm 116/128/144 M anschl und 8 cm im Rippenmuster in R str.
Weiter mit Nd 3,5 mm im Hebemaschenmuster arb, dabei in der 1. R 1x 1 M aus dem Querfaden zunehmen (= 117/129/145 M).
In einer Höhe von 18/19/20 cm (gemessen ab dem Beginn des Hebemaschenmusters) für die Armausschnitte am Anfang der beiden nächsten R je 3/4/4 M abk. Weiter für die Ausschnittschrägung beidseitig in jeder 2. R 3x 1 M/3x 1 M/4x 1 M, in jeder 4. R 5x 1 M/6x 1 M/6x 1 M, in jeder 6. R 3x 1 M/3x 1 M/3x 1 M und in jeder 8. R 2x 1 M/2x 1 M/3x 1 M betont abnehmen (= 85/93/105 M). ***
GLEICHZEITIG für den V-Ausschnitt in einer Gesamthöhe von 27/29/31 cm die mittlere M stilllegen und die Seiten getrennt voneinander beenden. Für die Ausschnittschrägung an der inneren Kante abwechselnd in jeder 2. und 4. R 27x 1 M/abwechselnd in jeder 2. und. 4. R 28x 1 M/in jeder 2. R 8x 1 M, dann abwechselnd in jeder 2. und 4. R 23x 1 M betont abnehmen (= 15/18/21) M.
Ohne Abnahmen bis zu einer Gesamthöhe von 54/56/58 cm weiterstr, dann alle M abk.
Die zweite Seite gegengleich beenden.

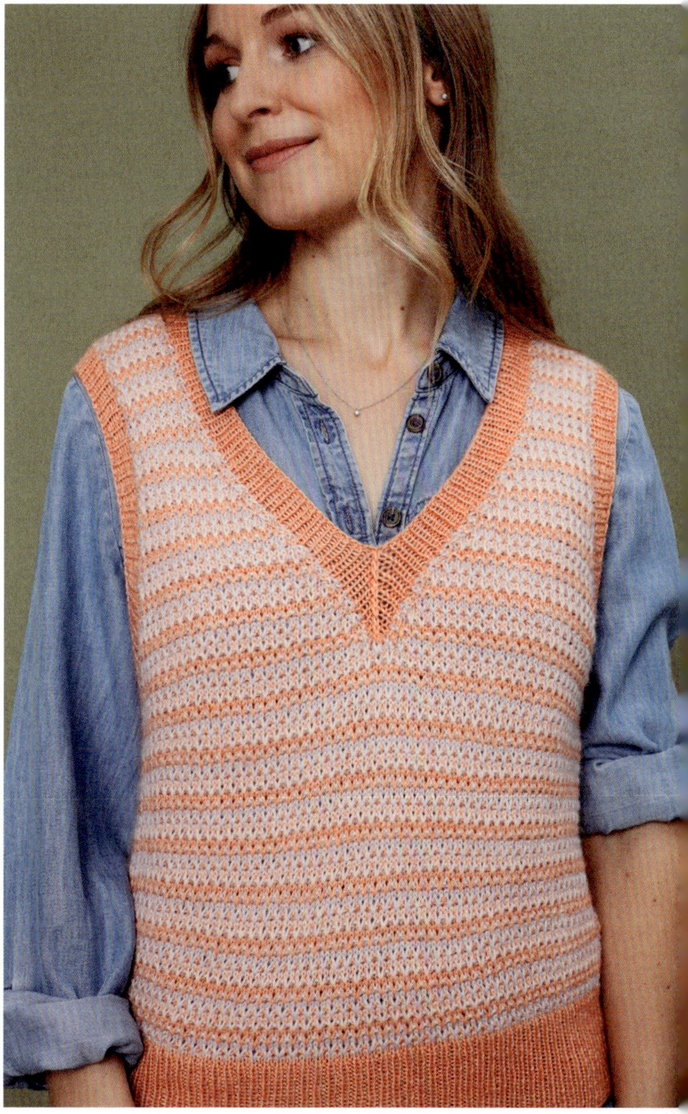

RÜCKENTEIL

Bis *** wie das Vorderteil str (= 85/93/105 M), dann ohne Abnahmen weiterarb.
Für den Halsausschnitt in einer Gesamthöhe von 51/53/55 cm die mittleren 49/51/57 M abk und die Seiten getrennt voneinander beenden. Für die Ausschnittschrägung an der inneren Kante in jeder 2. R 1x 2 M und 1x 1 M abk (= 15/18/21) M.
Ohne Abnahmen bis zu einer Gesamthöhe von 54/56/58 cm weiterstr, dann alle M abk.
Die zweite Seite gegengleich beenden.

Alle Angaben in cm.

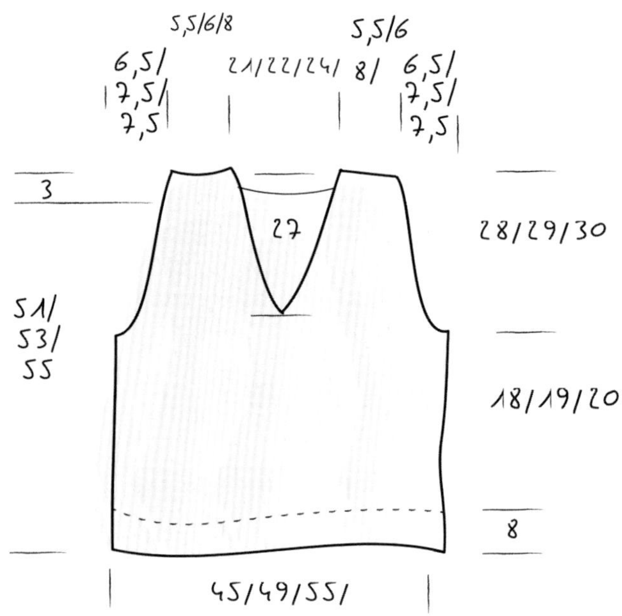

FERTIGSTELLEN

Die Teile auf die in der Skizze angegeben Maße spannen, anfeuchten und trocknen lassen. Die Schulternähte schließen. Für die Ausschnittblende in Orange mit der kurzen Rundstricknd 3,0 mm aus der Ausschnittkante des Rückenteils 53/55/59 M herausstr, über die erste Schräge des V-Ausschnitts 65/65/67 M, dann die stillgelegte Mittel-M auffassen und aus der zweiten Schräge des V-Ausschnitts ebenfalls 65/65/67 M auffassen (= 184/186/194 M). Zur Rd schließen und im Rippenmuster str, dabei die M so einteilen, dass die Mittel-M des V-Ausschnitts eine rechte M ist. In jeder Rd bis 1 M vor die Mittel-M im Rippenmuster str, dann 2 M zusammen wie zum Rechtsstr abheben, 1 M rechts str und die beiden abgehobenen M über die gestrickte M ziehen. In einer Blendenhöhe von 3 cm alle M abk. Für die Ärmelblenden in Orange mit Nd 3,0 mm aus den Kanten der Armausschnitte jeweils 130/134/140 M auffassen und in R im Rippenmuster str. In einer Höhe von 2 cm alle M abk. Die Seitennähte und die Querseiten der Ärmelblenden schließen. Alle Fäden vernähen.

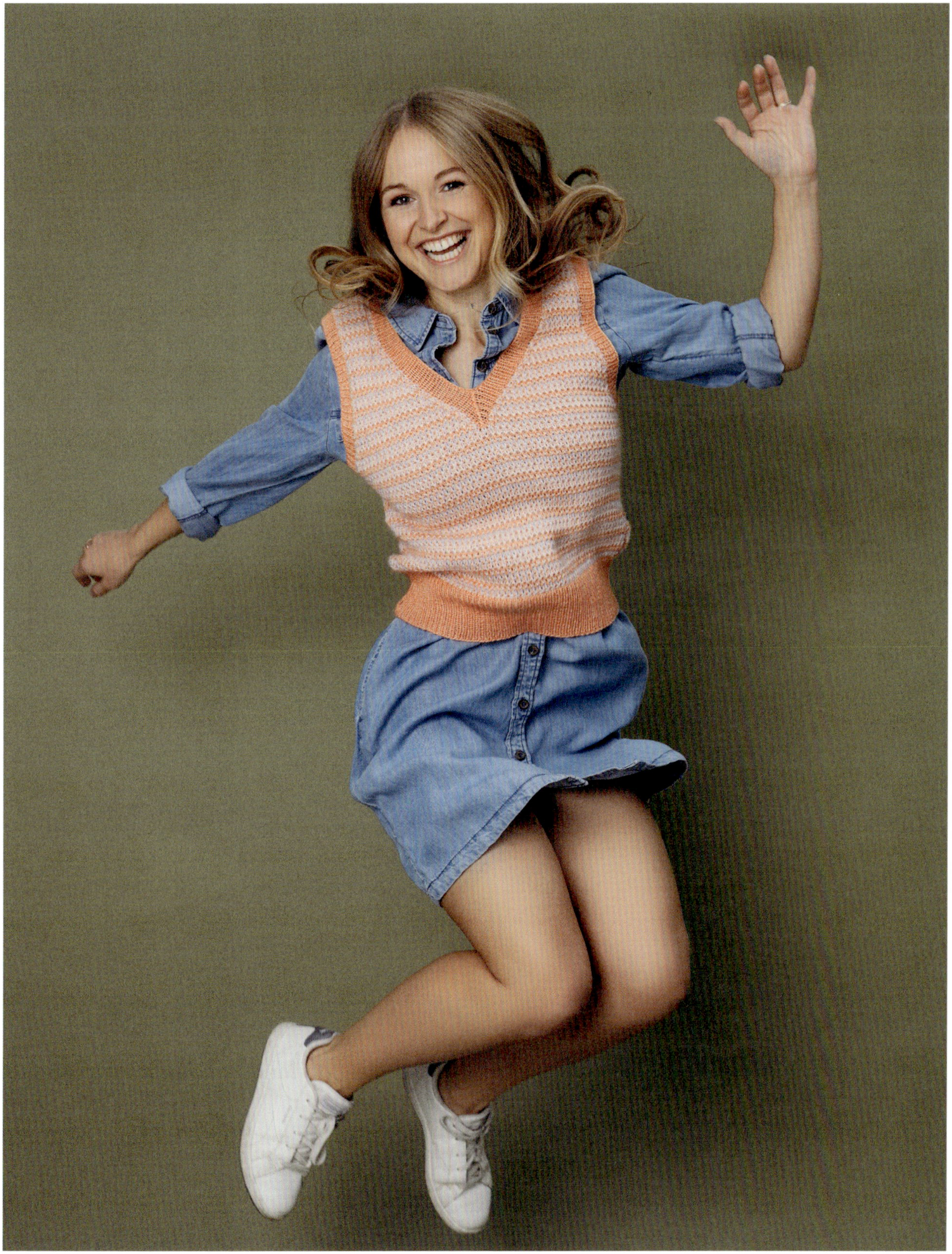

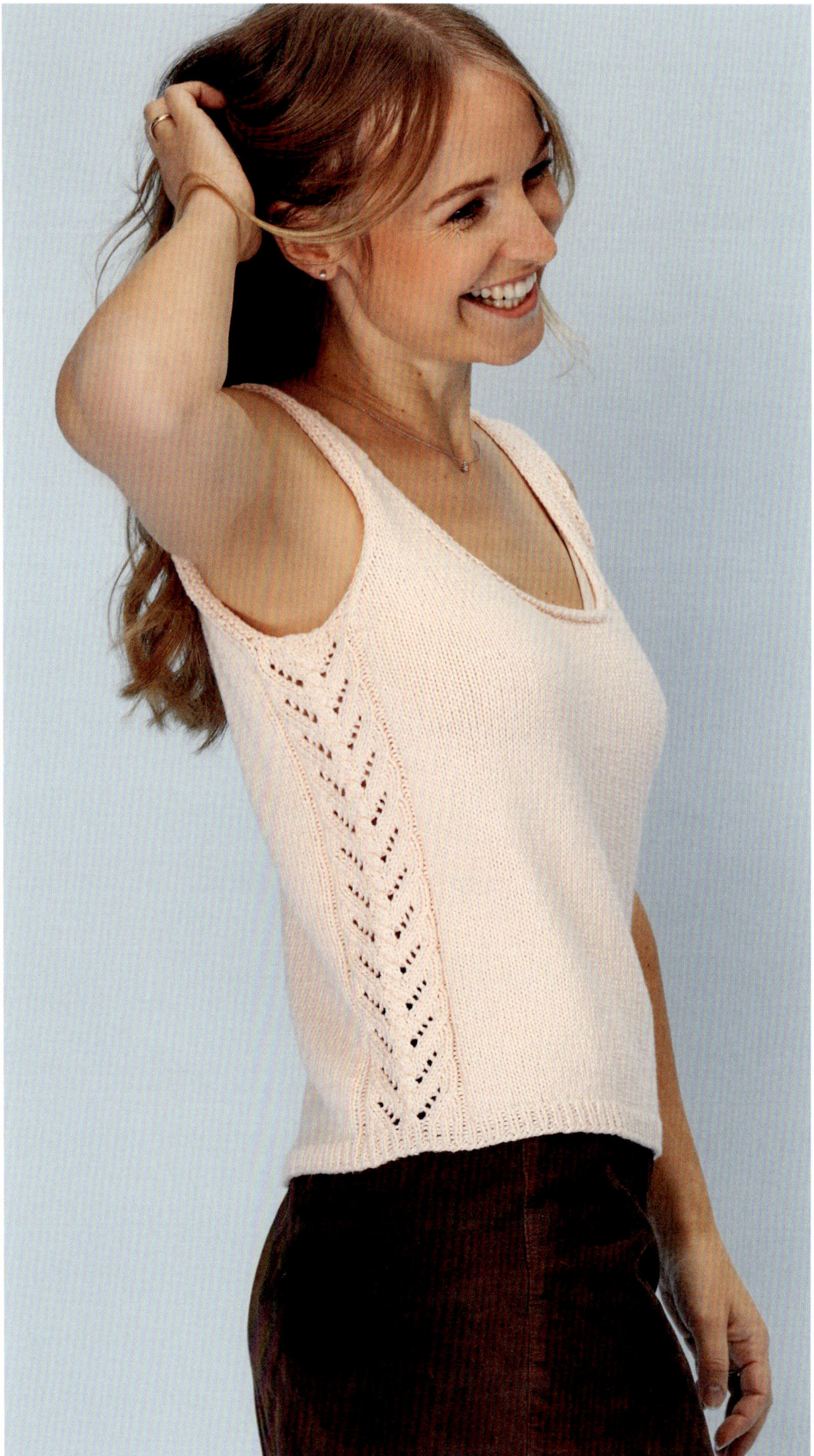

ZARTER SPITZENLOOK

TOP MIT AJOUREINSATZ

GRÖSSEN

36-38/40-42/44-46
Die Angaben für die verschiedenen Größen sind durch Schrägstriche getrennt. Steht nur eine Angabe, so gilt diese für alle Größen.

MATERIAL

- Lang Yarns Norma (LL ca. 135 m/50 g) in Lachs hell (Fb 30), 200/200/250 g
- Rundstricknadel 4,0 mm, 80 cm lang
- Hilfsnadel (kurze Rundstricknadel 4,0 mm oder kleiner)
- Zopfnadel
- 4 Maschenmarkierer
- Wollnadel zum Vernähen

MASCHENPROBE

Glatt rechts mit Nd 4,0 mm
24 M und 33 Rd/R = 10 cm x 10 cm
Der Ajourmusterstreifen ist 10 cm breit.

GLATT RECHTS

In Hinr rechte M, in Rückr linke M str.
In Rd alle M rechts str.

RIPPENMUSTER

In Rd, gerade M-Zahl.
1 M rechts, 1 M links im Wechsel str.

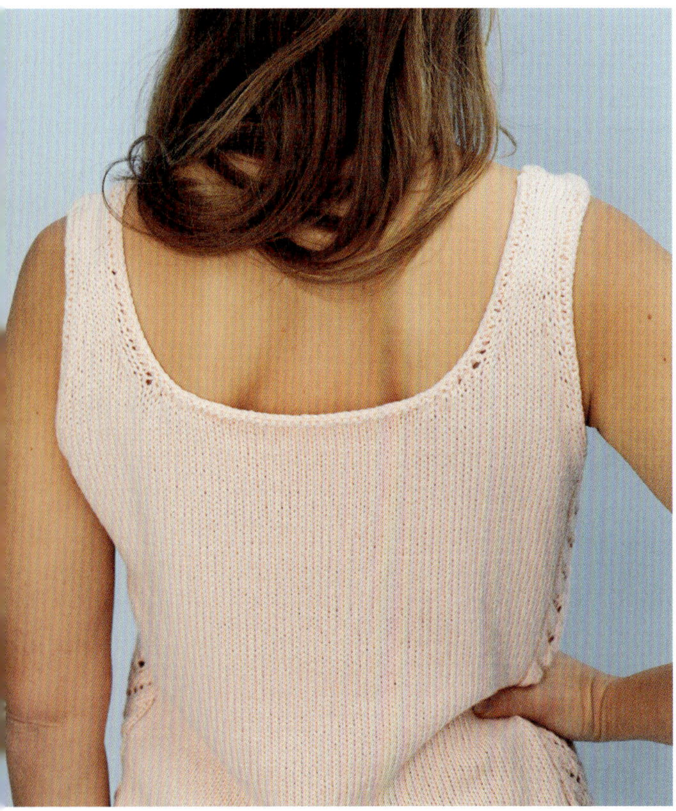

AJOURMUSTEREINSATZ

Die 1.-8. Rd der Strickschrift fortlaufend wdh.

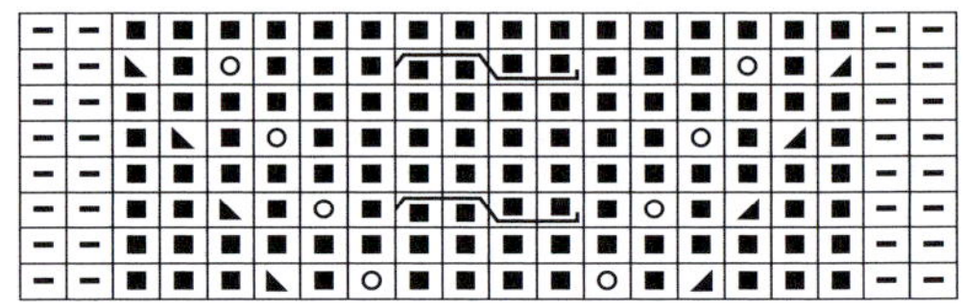
7
5
3
1

– = 1 Masche links
■ = 1 Masche rechts
○ = 1 Umschlag
◢ = 2 Maschen rechts zusammenstricken
◣ = 2 Maschen rechts überzogen zusammenstricken: 1 Masche wie zum Rechtsstricken abheben, die nächste Masche rechts stricken und die abgehobene Masche überziehen
■■■■ = 2 Maschen auf einer Zopfnadel vor die Arbeit legen, 2 Maschen rechts stricken, dann die Maschen der Zopfnadel rechts stricken.

BETONTE ABNAHME AN DER RECHTEN KANTE

Rdm, 1 M rechts, 2 M rechts überzogen zusammenstr (= 1 M wie zum Rechtsstr abheben, 1 M rechts str, die abgehobene M überziehen), mustergemäß weiterstr.

BETONTE ABNAHME AN DER LINKEN KANTE

Bis 4 M vor dem R-Ende mustergemäß str, 2 M rechts zusammenstr, 1 M rechts, Rdm.

ANLEITUNG

Das Top wird von unten nach oben, zuerst in Rd, dann ab dem Armausschnitt in R gearbeitet.

VORDER- UND RÜCKENTEIL

204/228/256 M anschl, zur Rd schließen und 6 Rd im Rippenmuster str. Der Rd-Wechsel befindet sich am Rückenteil seitlich hinten, vor Beginn des Ajourmusters. Weiter die M einteilen wie folgt, dabei die 4 MM setzen: 20 M im Ajourmuster, MM einhängen, 82/94/108 M glatt rechts, MM einhängen, 20 M im Ajourmuster, MM einhängen, 82/94/108 M glatt rechts, MM einhängen. Im weiteren Verlauf die MM bei Erreichen von der linken auf die rechte Nd abheben. In dieser Einteilung bis zu einer Höhe von ca. 32/34/36 cm str, dabei mit einer 3. oder 7. Muster-R enden.
Für die Armausschnitte die Arbeit teilen, dafür mustergemäß bis zur Mitte des folgenden Ajourmusterstreifens str.

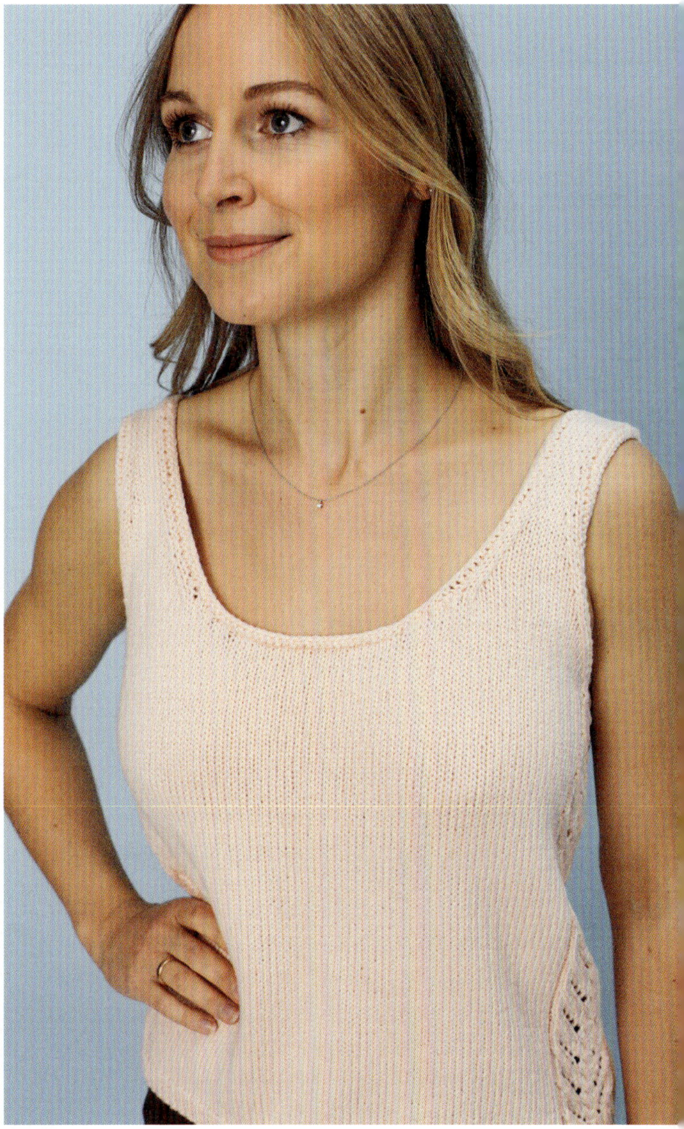

OBERES RÜCKENTEIL

Über die folgenden 102/114/128 M das Rückenteil str, die verbleibenden 102/114/128 M für das Vorderteil auf einer Hilfsnd stilllegen, die MM entfernen. Für die Armausschnitte zu Beginn der folgenden beiden R je 4/5/6 M abk (= 94/104/116 M). Zu Beginn der nächsten beiden R je 2/2/3 M abk (= 90/100/110 M). Weiter in jeder 2. R (= in jeder Hinr) beidseitig 6/6/7x 1 M betont abnehmen und in jeder 4. R noch beidseitig 6x 1 M betont abnehmen.
GLEICHZEITIG für den Halsausschnitt in einer Höhe von 43/46/48 cm die mittleren 32/38/40 M abk und die Seiten getrennt voneinander beenden. Für die Ausschnittrundung an der inneren Kante in jeder 2. R (= zu Beginn jeder Hinr) 1x 3 M und 1x 2 M abk und weiter 3x 1 M an der linken Kante betont abnehmen (= 9/11/14 M). Weiter glatt rechts str und in einer Gesamthöhe von 53/56/60 cm alle M abk. Die andere Seite gegengleich beenden, entsprechend 1x 3 M und 1x 2 M zu Beginn jeder Rückr abk und 3x 1 M an der rechten Kante betont abnehmen.

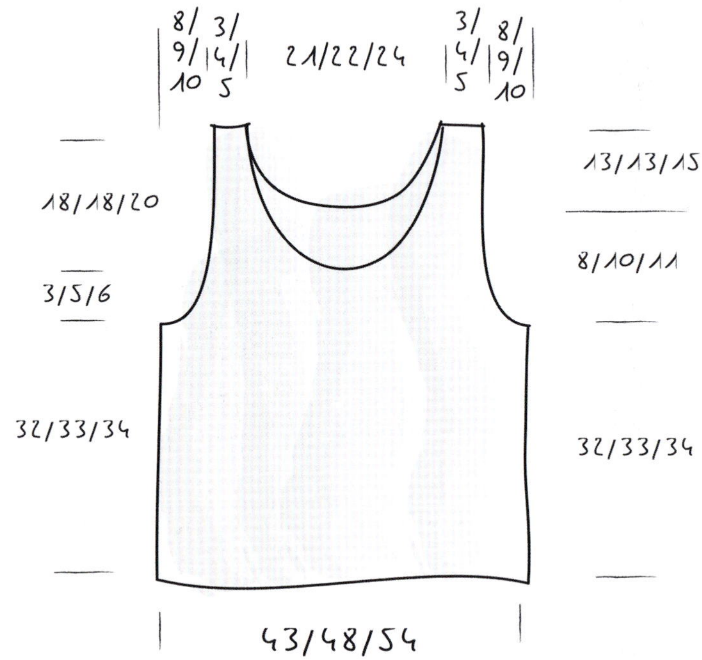

Alle Angaben in cm.

OBERES VORDERTEIL

Über die 102/114/128 M der Hilfsnd das Vorderteil str. Die Abnahmen für die Armausschnitte wie beim Rückenteil arbeiten, GLEICHZEITIG für den Halsausschnitt bereits in einer Höhe von 35/38/40 cm die mittleren 22/28/30 M abk und ebenfalls die Seiten getrennt voneinander beenden. An der inneren Kante für die Ausschnittrundung in jeder 2. R (= zu Beginn jeder Hinr) 1x 3 M und 2x 2 M abk und 4x 1 M an der linken Kante betont abnehmen. In jeder 4. R (= zu Beginn jeder 2. Hinr) noch 2x 1 M betont abnehmen (= 9/11/14 M). Weiter glatt rechts str und in einer Gesamthöhe von 53/56/60 cm alle M abk. Die andere Seite gegengleich beenden, entsprechend in jeder 2. R 1x 3 M und 2x 2 M abk, 4x 1 M betont abnehmen und weiter in jeder 4. R 2x 1 M betont abnehmen.

FERTIGSTELLEN

Beide Teile anfeuchten, auf die in der Skizze angegebenen Maße spannen und trocknen lassen. Für die schmalen Blenden an den Armausschnitten aus den Kanten der Armausschnitte jeweils 104/114/126 M gleichmäßig verteilt herausstr und 1 Rückr rechte M str. In der nächsten R alle M rechts str und abk.
Eine Schulternaht und die Querseite der Ärmelblende schließen. Für die schmale Blende aus der Halsausschnittkante gleichmäßig verteilt 198/202/226 M herausstr und ebenso wie beim Armausschnitt arb. Die andere Schulternaht und die Querseiten der zweiten Ärmelblende schließen. Alle Fäden vernähen.

FRISCH & LEICHT

SHIRT MIT LOCHMUSTER-STREIFEN

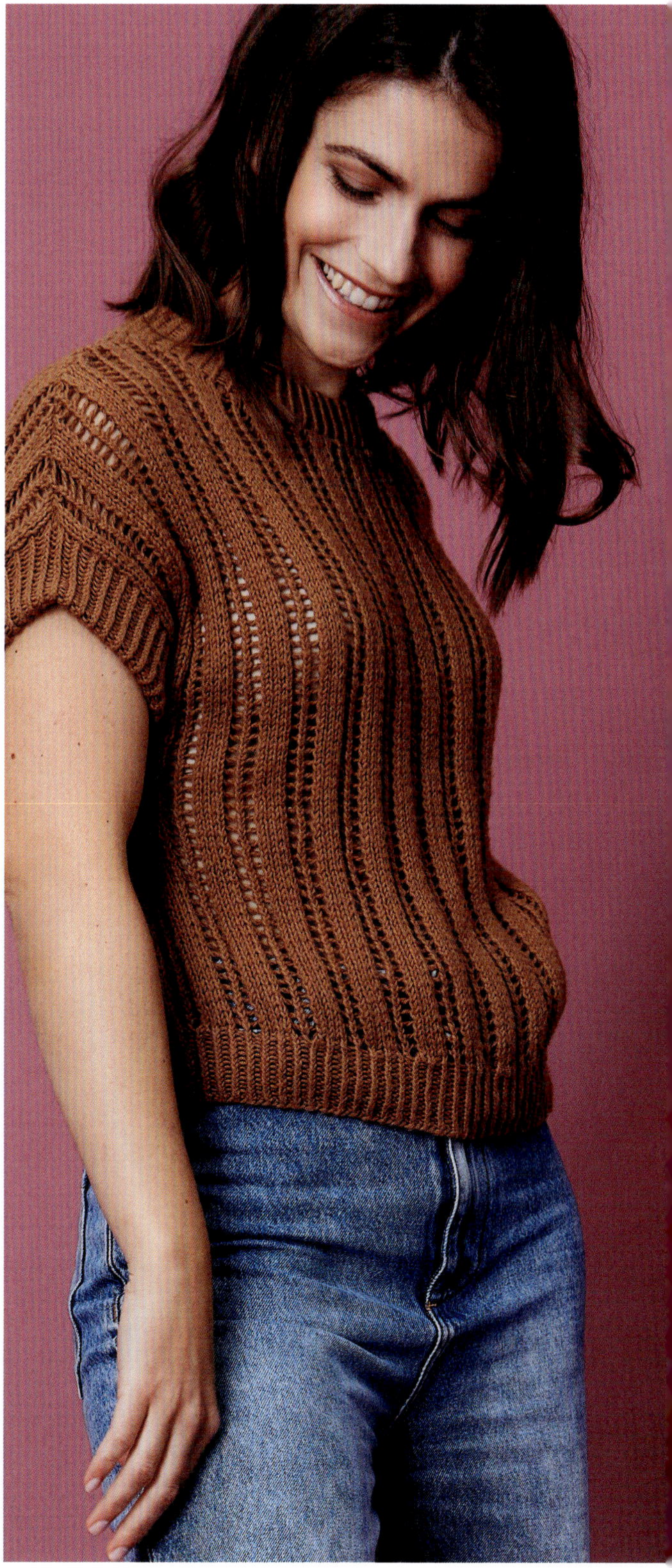

GRÖSSEN

36-38/40-42/44-46
Die Angaben für die verschiedenen Größen sind durch Schrägstriche getrennt. Steht nur eine Angabe, so gilt diese für alle Größen.

MATERIAL

- Austermann Ecopure (LL ca. 115 m/50 g) in Zimt (Fb 06), 350/350/400 g
- Rundstricknadel 4,0 mm, 80 cm lang
- Rundstricknadel 3,0 mm, 60 cm lang
- Wollnadel zum Vernähen
- 2 Maschenmarkierer

MASCHENPROBE

Im Lochstreifenmuster mit Nd 4,0 mm
19 M und 28 R = 10 cm x 10 cm

NAHTRAND

Hinr: Die erste und letzte M rechts str.
Rückr: Die erste und letzte M links str.

VERSCHRÄNKTES RIPPENMUSTER

In R, gerade M-Zahl.
Hinr: 1 M rechts verschränkt, 1 M links im Wechsel str.
Rückr: 1 M rechts, 1 M links verschränkt im Wechsel str.

In Rd, gerade M-Zahl.
1 M rechts verschränkt, 1 M links im Wechsel str.

LOCHSTREIFENMUSTER

M-Zahl teilbar durch 7.
In R nach der Strickschrift str. Es sind Hin- und Rückr gezeichnet. Den Rapport fortlaufend wdh. Die 1. und 2. R fortlaufend wdh.

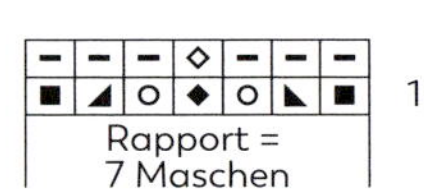

– = 1 Masche links
■ = 1 Masche rechts
◢ = 2 Maschen rechts zusammenstricken
◣ = 2 Maschen rechts überzogen zusammenstricken: 1 Masche wie zum Rechtsstricken abheben, die nächste Masche rechts stricken und die abgehobene Masche überziehen
○ = 1 Umschlag
◆ = 1 Masche rechts verschränkt
◇ = 1 Masche links verschränkt

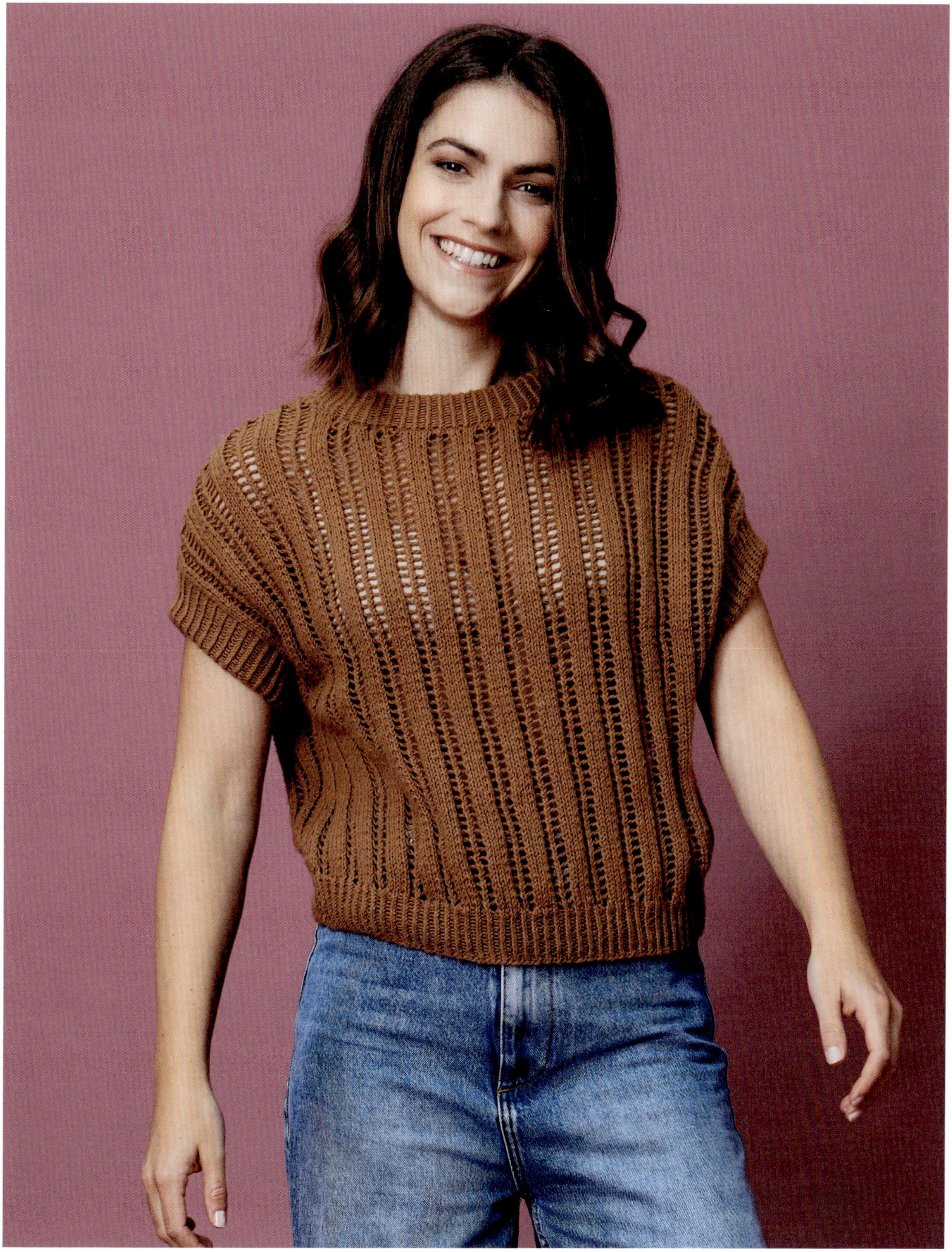

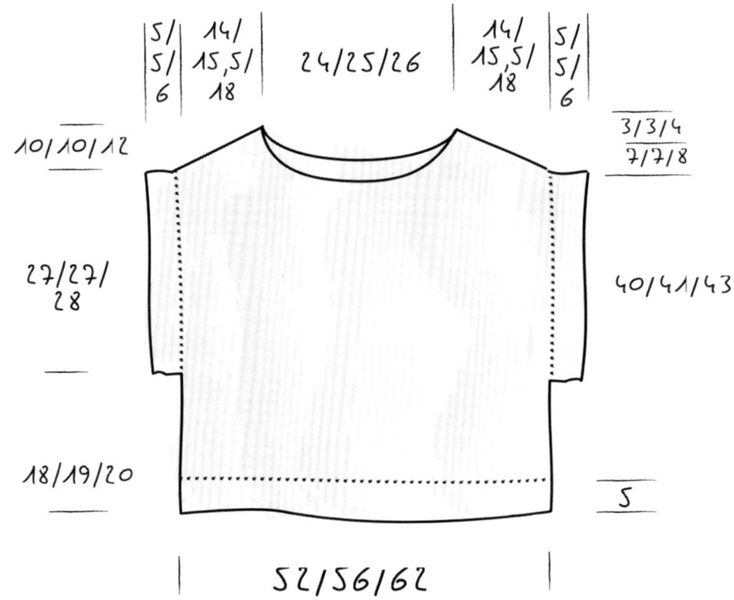

Alle Angaben in cm.

ANLEITUNG

Vorder- und Rückenteil des Tops werden getrennt gestrickt. Nach dem Schließen der Schulternähte wird die Halsblende in Rd angestrickt und dann die Ärmelblenden in R. Zuletzt werden die Seitennähte geschlossen.

RÜCKENTEIL

Mit Nd 3,0 mm 100/107/121 M anschl und 5 cm im verschränkten Rippenmuster str, dabei die Rdm als Nahtrand arb. Weiter mit Nd 4,0 mm zwischen den Rdm im Lochstreifenmuster str. Für die Schulterschrägung in einer Höhe von 45/46/48 cm (gemessen ab der Anschlagkante) beidseitig in jeder 2. R 14x 2 M/12x 2 M und 2x 3 M/14x 2 M und 2x 3 M abk. ***

GLEICHZEITIG für den Halsausschnitt in einer Höhe von 52/53/56 cm (gemessen ab der Anschlagkante) die mittleren 34/37/43 M abk und die Seiten getrennt voneinander beenden. Für die Ausschnittrundung in jeder 2. R noch 1x 3 M und 1x 2 M abk, die Abnahmen für die Schulterschrägung dabei gleichzeitig fortführen. Zum Schluss den Faden abschneiden und durch die letzte M ziehen. Die zweite Seite gegengleich beenden.

VORDERTEIL

Bis *** wie das Rückenteil str, allerdings für den Halsausschnitt bereits mit Beginn der Schulterschrägung die mittleren 18/21/27 M abk und die Seiten getrennt beenden. Für die Ausschnittrundung an der inneren Kante in jeder 2. R 1x 4 M,

1x 3 M, 1x 2 M und 2x 1 M, dann in jeder 4. R 2x 1 M abk. Die Abnahmen für die Schulterschrägung ebenso wie beim Rückenteil str. Die zweite Seite gegengleich beenden.

FERTIGSTELLEN

Beide Teile anfeuchten, auf die in der Skizze angegeben Maße spannen und trocknen lassen. Die Schulternähte schließen. Für die Halsausschnittblende mit der Rundstricknd 3,0 mm aus der Ausschnittkante 104/108/116 M herausstr, zur Rd schließen und im verschränkten Rippenmuster in Rd str. In einer Höhe von ca. 7/7/8 cm die Blende nach innen legen, an die Anschlagkante anstr und dabei alle M abk. Dafür in die jeweils folgende M einstechen und zusätzlich aus der Anschlagkante 1 M auffassen. Diese beiden M vor dem Abk zusammenstr. Alternativ nach 7 cm alle M abk, die Blende zur Hälfte nach innen falten und annähen.
Für die linke Ärmelblende 2 MM jeweils in einer Höhe von 18/19/20 cm (von unten gemessen) anbringen. Dazwischen mit der Rundstricknd 3,0 mm 80/80/86 M herausstr und in R im verschränkten Rippenmuster 10/10/12 cm str, mit einer Rückr enden. Die Blende zur Hälfte nach innen falten und wie die Halsblende anstr oder annähen. Die rechte Ärmelblende ebenso str.
Die seitlichen Nähte und die Querseiten der Ärmelblenden schließen. Alle Fäden vernähen.

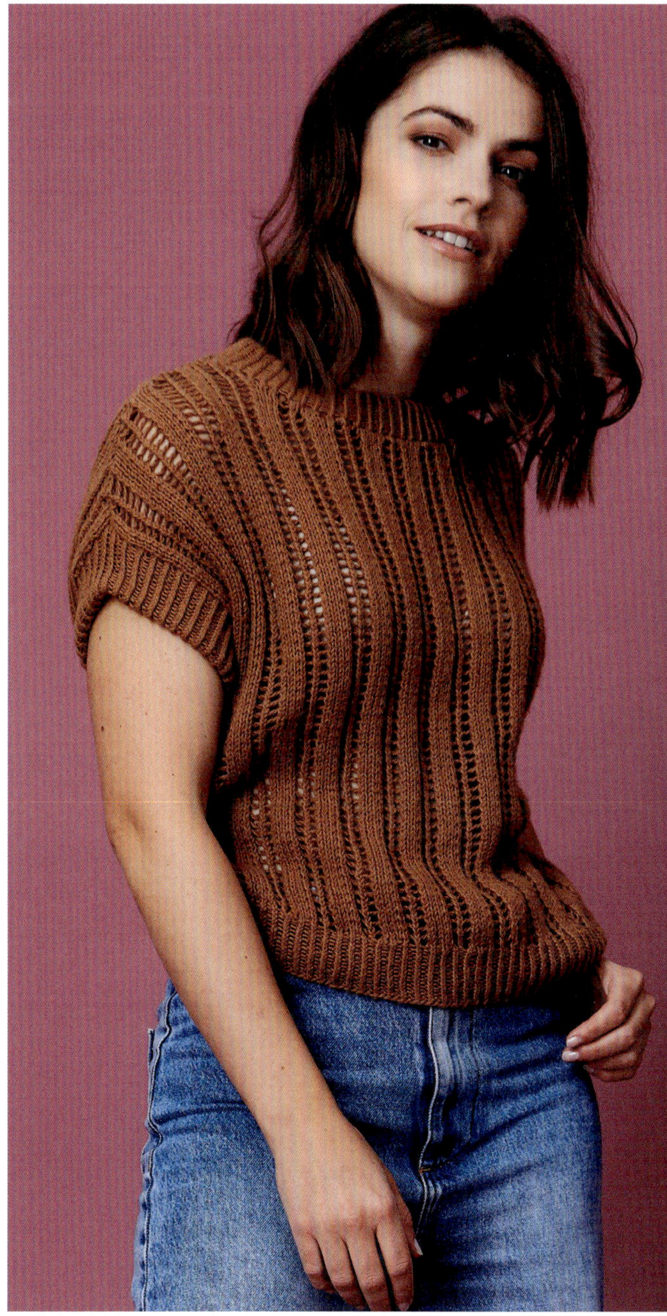

LEINEN-LIEBE

TOP MIT LOCHMUSTERSTREIFEN

GRÖSSEN

36-38/40-42/44-46
Die Angaben für die verschiedenen Größen sind durch Schrägstriche getrennt. Steht nur eine Angabe, so gilt diese für alle Größen.

MATERIAL

- Lang Yarns Lino (LL ca. 110 m/50 g) in Rot (Fb 60), 250/250/300 g
- Rundstricknadeln 4,0 mm, 60 cm und 80 cm lang
- Hilfsnadel (kurze Rundstricknadel 4,0 mm oder kleiner)
- Maschenmarkierer
- Wollnadel zum Vernähen

MASCHENPROBE

Glatt rechts mit Nd 4,0 mm
21 M und 32 Rd/R = 10 cm x 10 cm

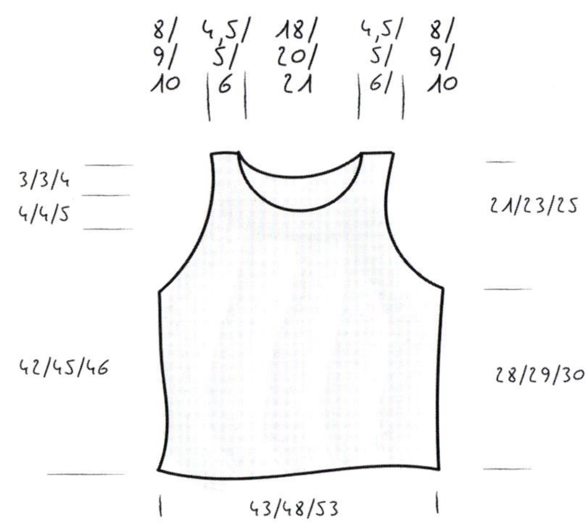

Alle Angaben in cm.

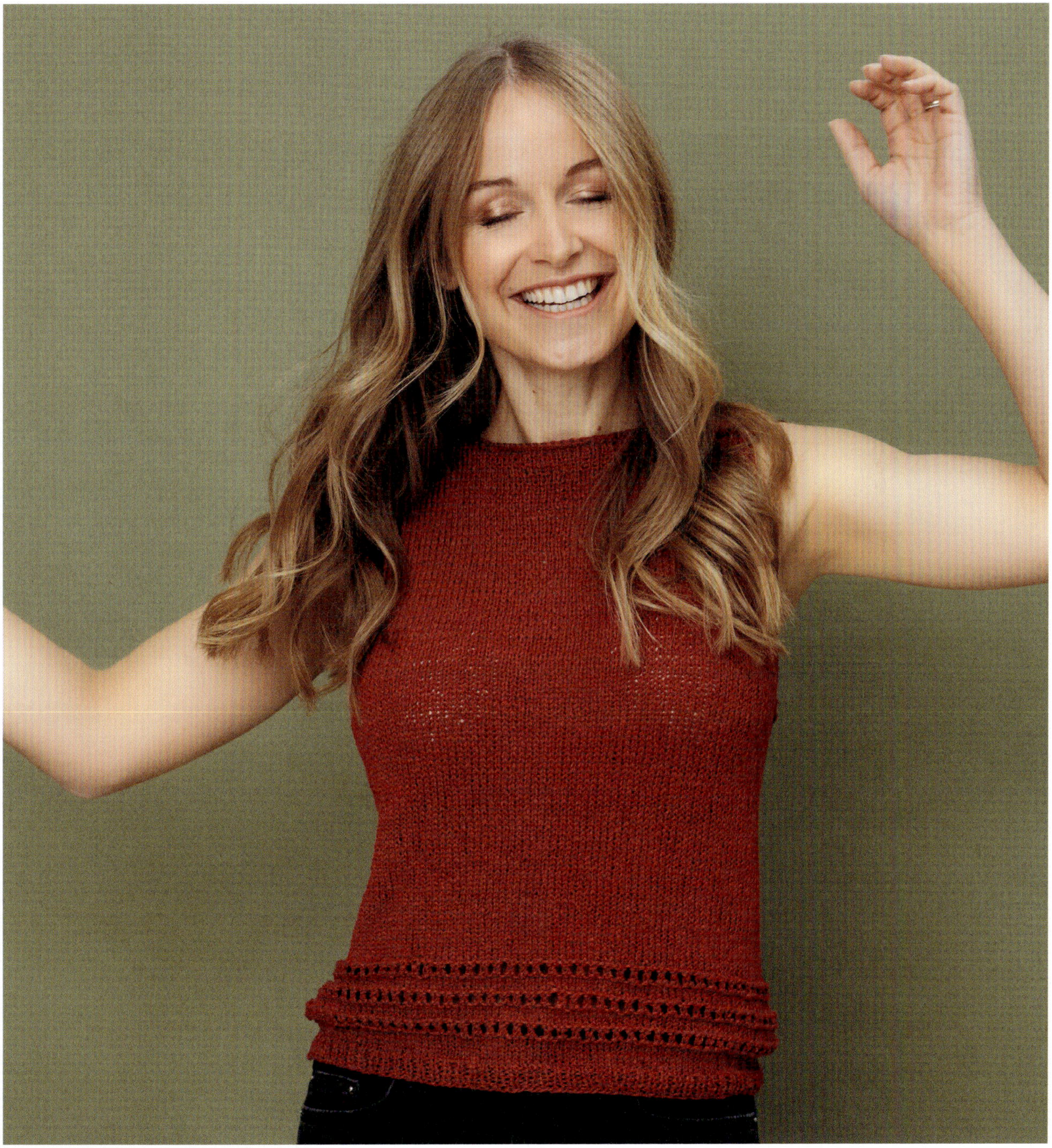

GLATT RECHTS

In Hinr rechte M, in Rückr linke M str.
In Rd alle M rechts str.

RIPPENMUSTER

In Rd, gerade M-Zahl.
1 M rechts, 1 M links im Wechsel str.

LOCHSTREIFEN

In Rd, gerade M-Zahl.
1. Rd: Alle M links str.
2. Rd: * 2 M rechts zusammenstr, 1 U, ab * fortlaufend wdh.
3. Rd: Alle M links str.

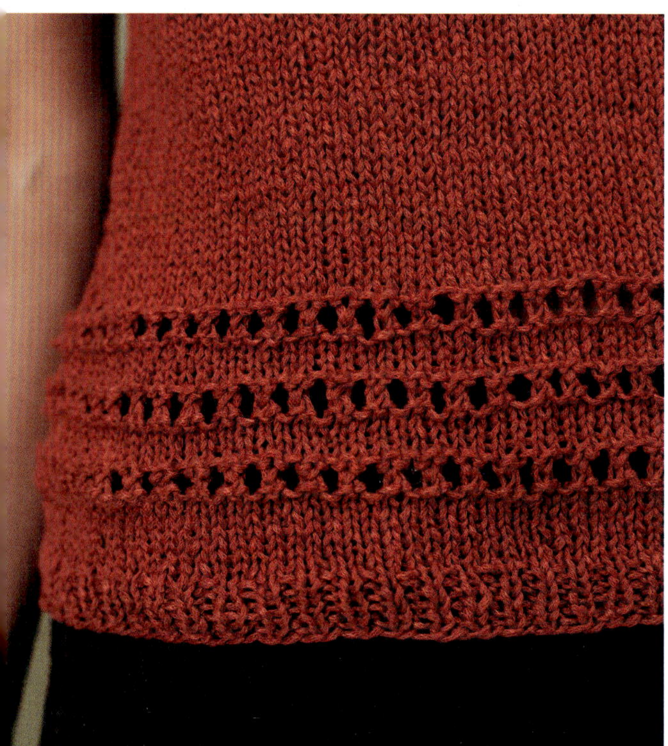

BETONTE ABNAHME AN DER RECHTEN KANTE

1 M rechts, 2 M rechts überzogen zusammenstr (= 1 M wie zum Rechtsstr abheben, 1 M rechts str, die abgehobene M überziehen), mustergemäß weiterstr.

BETONTE ABNAHME AN DER LINKEN KANTE

Bis 4 M vor dem R-Ende mustergemäß str, 2 M rechts zusammenstr, 1 M rechts.

RANDMASCHEN

Es werden keine gesonderten Rdm gestrickt. Durch das Str in glatt rechts entsteht seitlich automatisch ein Nahtrand, ideal für das Anstricken der Blende.

ANLEITUNG

Das Top wird von unten nach oben, zuerst in Rd, dann ab den Armausschnitten in R gearbeitet.

VORDER- UND RÜCKENTEIL

180/200/222 M anschl, zur Rd schließen und im Rippenmuster 5 Rd str. Der Rd-Wechsel befindet sich an einer Seite, vor dem Beginn des Armausschnittes. 7/9/11 Rd glatt rechts str. 1 Lochstreifen arb, 3 Rd glatt rechts str, 1 Lochstreifen arb, 3 Rd glatt rechts str, 1 Lochstreifen arb. Weiter glatt rechts in Rd arb.
In einer Höhe von 28/29/30 cm (gemessen ab der Anschlagkante) für die Armausschnitte die Arbeit teilen. Dafür die nächste Runde wie folgt str: 8/8/12 M abk, 82/92/99 M rechts str, 8/8/12 M abk, 82/92/99 M rechts str.

OBERES RÜCKENTEIL

Die Arbeit wenden. Für das Rückenteil weiter in R glatt rechts str und für die Armausschnitte betont abnehmen wie folgt:
1. R (und alle weiteren Rückr): Alle M links str.
2. R (= Hinr): 1 M rechts, 1 M betont abnehmen, bis 3 M vor dem Reihenende rechts str, 2 M rechts zusammenstr, 1 M rechts (= 80/90/97 M).
Die 2. R noch 3x in jeder 2. R und 6x in jeder 4. R/ noch 6x in jeder 2. R und 6x in jeder 4. R/noch 7x in jeder 2. R und 7x in jeder 4. R wdh (= 62/66/ 69 M).
In allen anderen Hinr alle M rechts str.
Für den Halsausschnitt in einer Gesamthöhe von 46/49/50 cm die mittleren 22/26/29 M abk und die Seiten getrennt beenden. Für die Ausschnittschrägung an der inneren Kante in jeder 2. R noch 1x 3 M, 1x 2 M und 1x 1 M abk (= 14 M). Weiter ohne Abnahmen glatt rechts str. In einer Höhe von 49/52/55 cm alle M abk. Die zweite Seite gegengleich beenden.

OBERES VORDERTEIL

Den Faden für eine Rückr neu anschlingen und 1 Rückr linke M str.
Die Abnahmen für die Armausschnitte ebenso wie beim Rückenteil arb. Für den Halsausschnitt bereits in einer Höhe von 42/45/46 cm die mittleren 18/22/25 M abk und die Seiten getrennt beenden. Für die Ausschnittschrägung an der inneren Kante in jeder 2. R noch 1x 3 M, 1x 2 M und 3x 1 M abk (= 14 M). Weiter ohne Abnahmen glatt rechts str. In einer Höhe von 49/52/55 cm alle M abk. Die zweite Seite gegengleich beenden.

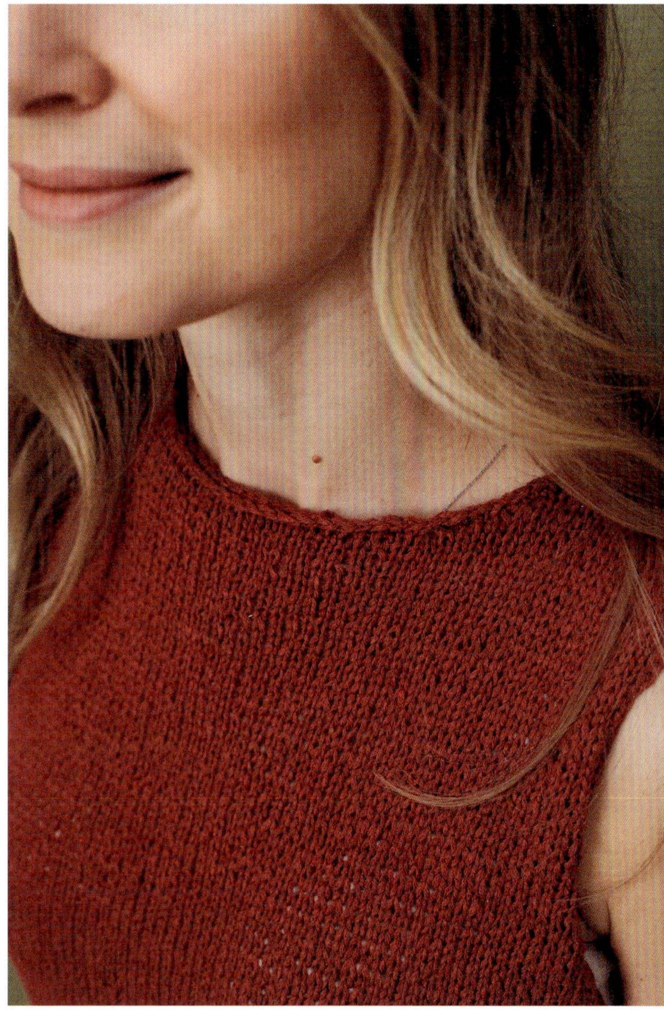

FERTIGSTELLEN

Alle Fäden vernähen. Das Top anfeuchten, auf die in der Skizze angegeben Maße spannen und trocknen lassen. Für die schmalen Blenden an den Armausschnitten aus den Kanten der Armausschnitte jeweils 94/106/118 M gleichmäßig verteilt herausstr, 1 Rückr linke M str und dabei die M gleich wieder abk.
Eine Schulternaht schließen. Für die schmale Blende der Halsausschnittkante gleichmäßig verteilt 82/90/102 M herausstr und ebenso wie bei den Armausschnitten arb. Die zweite Schulternaht und die Querseite der schmalen Blende schließen.

PERFEKT IM URLAUB

TOP IM HALBPATENT

GRÖSSEN

36/38/40/42/44/46
Die Angaben für die verschiedenen Größen sind durch Schrägstriche getrennt. Steht nur eine Angabe, so gilt diese für alle Größen.

MATERIAL

- Lana Grossa Alta Moda Cotolana (LL ca. 150 m/50 g) in Blau (Fb 15), 200/200/200/250/250/300 g
- Rundstricknadel 3,0 mm, 80 cm lang
- Hilfsnadel (kurze Rundstricknadel 3,0 mm oder kleiner)
- Maschenmarkierer
- Wollnadel zum Vernähen

MASCHENPROBE

Im Halbpatentmuster mit Nd 3,0 mm
26 M und 50 Rd/R = 10 cm x 10 cm

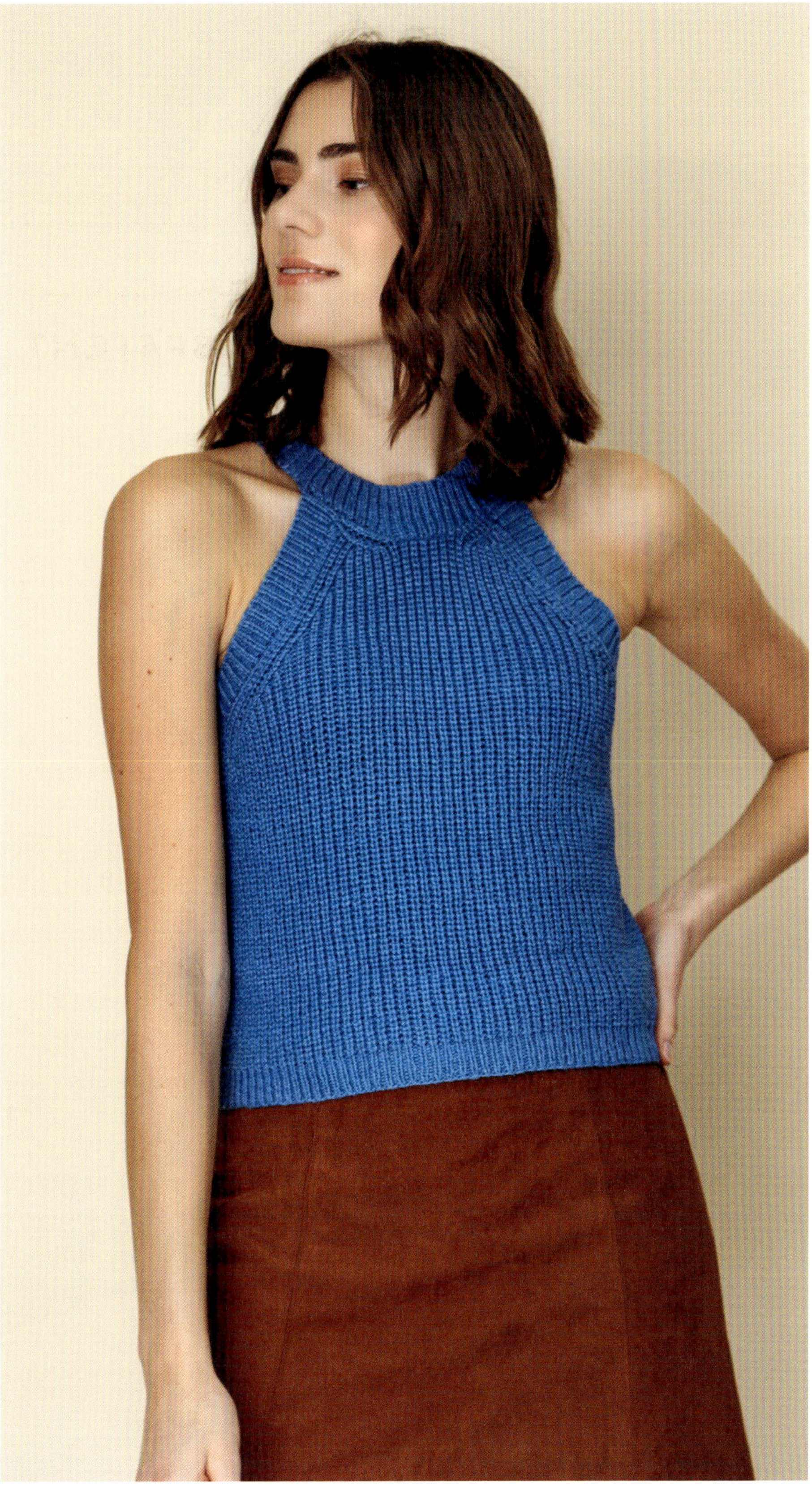

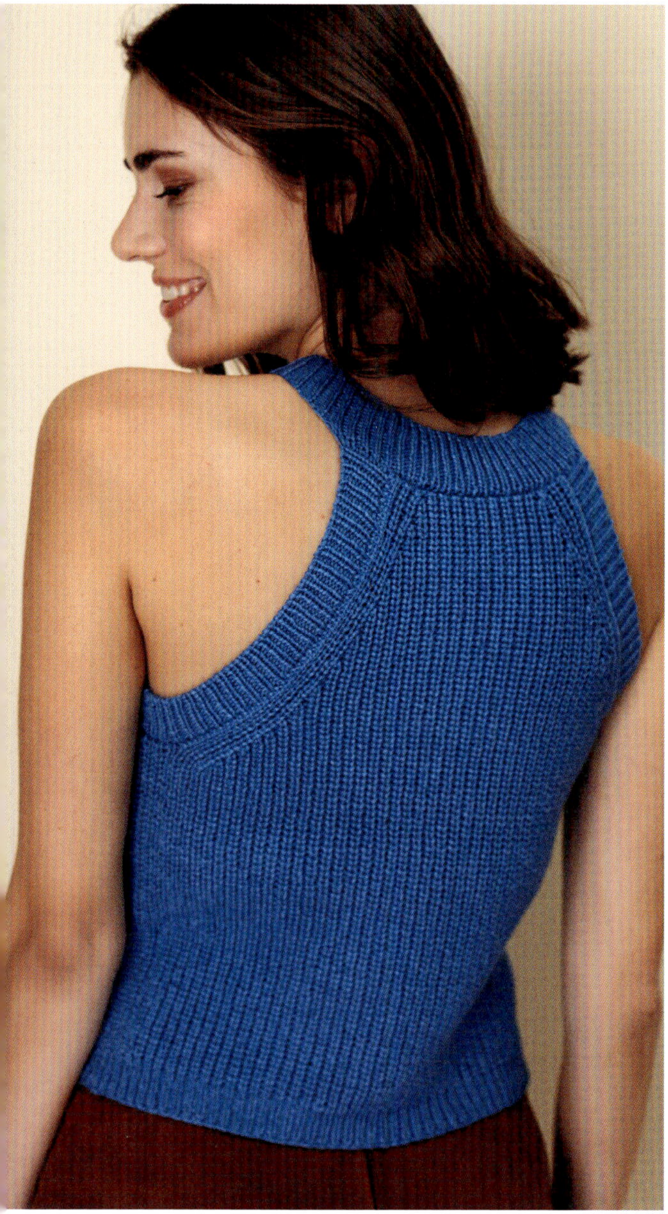

RIPPENMUSTER

In Rd, gerade M-Zahl.
1 M rechts, 1 M links im Wechsel str.

In R, ungerade M-Zahl.
Hinr: 1 M rechts, 1 M links im Wechsel str, enden mit 1 M rechts.
Rückr: Die M str, wie sie erscheinen.

HALBPATENTMUSTER

In Rd, gerade M-Zahl.
1. Rd: * 1 M rechts, 1 M mit 1 U wie zum Linksstr abheben, ab * fortlaufend wdh.
2. Rd: * 1 M rechts, 1 M mit 1 U links zusammenstr, ab * fortlaufend wdh.
Die 1. und 2. R fortlaufend wdh.

In R, ungerade M-Zahl.
Hinr: * 1 M rechts, 1 M mit 1 U wie zum Linksstr abheben, ab * fortlaufend wdh, enden mit 1 M rechts.
Rückr: * 1 M links, 1 M mit 1 U rechts zusammenstr str, ab * fortlaufend wdh, enden mit 1 M links.

RECHTS GENEIGTE DOPPELTE ABNAHME

3 M rechts zusammenstr.

LINKS GENEIGTE DOPPELTE ABNAHME

1 M wie zum Rechtsstr abheben, 2 M rechts zusammenstr, die abgehobene M überziehen.

KNÖTCHENRAND

Hin- und Rückr: Die 1. und letzte M rechts str.

ANLEITUNG

Das Top wird von unten nach oben zuerst in Rd, im Bereich der Armausschnitte dann in R gestrickt. Der Kragen wird in Rd angestrickt.

UNTERES VORDER- UND RÜCKENTEIL

222/228/238/248/260/280 M anschl, zur Rd schließen und 3/3/3/4/4/4 cm im Rippenmuster in Rd str. MM zur Kennzeichnung des Rd-Wechsels einhängen. Weiter im Halbpatent in Rd str. In einer Höhe von ca. 26/27/28/30/31/32 cm für die Armausschnitte die Arbeit teilen und das Vorder- und Rückenteil im Halbpatentmuster getrennt voneinander in R beenden. Dafür in der nächsten Rd 17/17/17/21/21/25 M abk, 93/97/101/103/109/115 M im Halbpatentmuster fortführen (= Vorderteil), 17/17/17/21/21/25 M abk und bis zum Rd-Wechsel 95/97/103/103/109/115 M im Halbpatentmuster str (= Rückenteil).

OBERES RÜCKENTEIL

Die Arbeit wenden und für das Rückenteil, mit einer Rückr beginnend, weiter im Halbpatentmuster str. Die übrigen 93/97/101/103/109/115 M für das Vorderteil auf einer Hilfsnd stilllegen.
In der nächsten Hinr für die Armausschnitte eine Abnahme-R wie folgt str: Rdm, [1 M rechts, 1 M mit 1 U wie zum Linksstr abheben] 2x, 1 links geneigte doppelte Abnhame, bis 8 M vor dem R-Ende das Halbpatentmuster fortführen, 1 rechts geneigte doppelte Abnahme, [1 M mit 1 U wie zum Linksstr abheben, 1 M rechts] 2x, Rdm.
Nächste R (= Rückr): Rdm, * 1 M links, 1 M mit dem U rechts zusammenstr, ab * bis 2 M vor R-Ende wdh, 1 M links, Rdm.
Die Abnahme-R noch 5x/5x/5x/5x/6x/6x in jeder 4. R, 2x/2x/3x/3x/3x/4x in jeder 6. R und 8x in jeder 8. R arb (= 31/33/35/35/37/39 M). In der nächsten Hinr alle M abk.

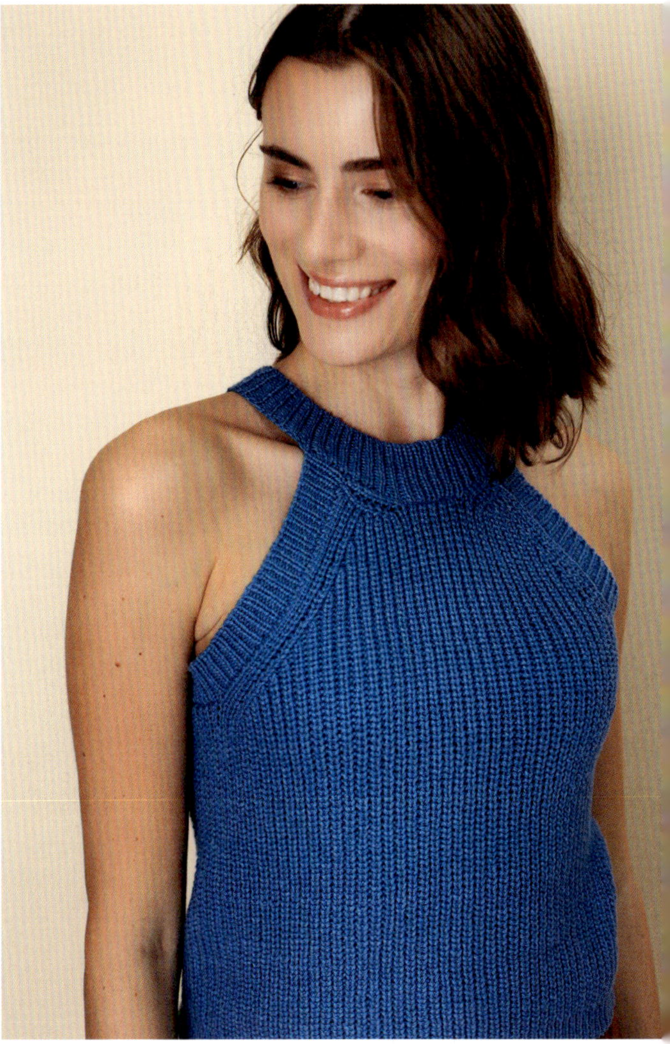

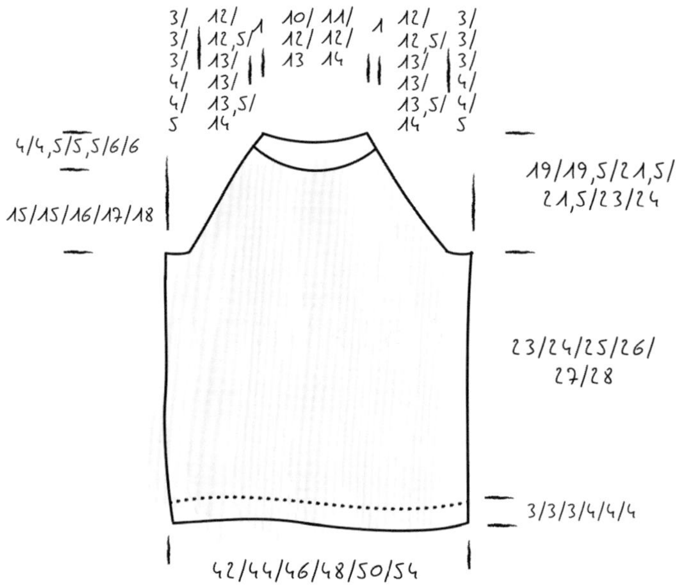

Alle Angaben in cm.

OBERES VORDERTEIL

Für das Vorderteil den Faden für eine Rückr neu anschligen, 1 Rückr über die stillgelegten 93/97/ 101/103/109/115 M str. Weiter für die Armausschnitte Abnahme-R wie beim Rückenteil wie folgt str: 6x/6x/7x/7x/8x/9x in jeder 4. R, 2x in jeder 6. R und 4x in jeder 8. R.
GLEICHZEITIG für den Halsausschnitt nach der 11./11./12./12./13./14. Abnahme in einer Hinr die mittleren 11/15/15/17/19/21 M abk und die Seiten getrennt voneinander beenden: 1 Rückr mustergemäß str. Für die Ausschnittschrägung 6x in jeder 2. R wie folgt str: Rdm, 1 M rechts, 1 M mit 1 U wie zum Linksstr abheben, 1 links geneigte doppelte Abnahme, mustergemäß die R beenden (= 5 M). In der nächsten Hinr alle M abk. Die andere Seite gegengleich beenden. Dafür die Abnahme-R wie folgt str: Mustergemäß bis 6 M vor dem R-Ende str, 1 rechts geneigte doppelte Abnahme, 1 M mit 1 U wie zum Linksstr abheben, 1 M rechts, Rdm.

FERTIGSTELLEN

Für die Armblenden aus der Ärmelkante jeweils 105/105/113/113/117/121 M herausstr und im Rippenmuster in R str. Nach 3/3/3/4/4/4 cm alle M italienisch abk (s. Seite 86), damit die Abkettkante elastisch bleibt. Für die Halsblende, beginnend an der rechten Ärmelblende, weiter über die Abkettkante des Rückenteils und über die linke Armblende 49/51/53/53/55/57 M herausstr, 23/25/29/33/39/43 M neu anschlingen, dann über die linke Armblende, den vorderen Halsausschnitt und die rechte Armblende 43/45/47/ 47/49/51 M herausstr und weitere 23/25/29/33/ 39/43 M neu anschlingen (= 138/146/158/166/182/ 194 M). Die M zur Rd schließen und im Rippenmuster in Rd str. In einer Höhe von 4/4/4/5/5/ 5 cm alle M italienisch abk.
Alle Fäden vernähen. Das Top anfeuchten, auf die in der Skizze angegebenen Maße spannen und trocknen lassen.

EINFACH & EFFEKTVOLL

SHIRT MIT STRUKTURMUSTER

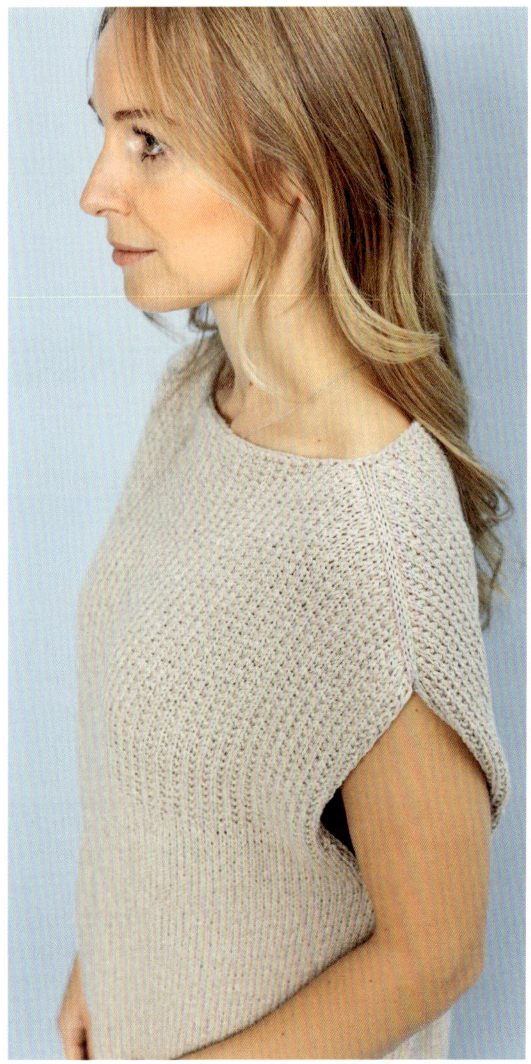

GRÖSSEN

36-38/40-42/44-46
Die Angaben für die verschiedenen Größen sind durch Schrägstriche getrennt. Steht nur eine Angabe, so gilt diese für alle Größen.

MATERIAL

- Lana Grossa Cotton Mélange (LL ca. 140 m/50 g) in Beige (Fb 14), 350/400/400 g
- Rundstricknadeln 5,0 mm, 60 cm, 80 cm und 100 cm lang
- Hilfsnadel (kurze Rundstricknadel 5,0 mm oder kleiner)
- Maschenmarkierer
- Wollnadel zum Vernähen

MASCHENPROBE

Im Strukturmuster mit Nd 5,0 mm
20 M und 32 Rd/R = 10 cm x 10 cm

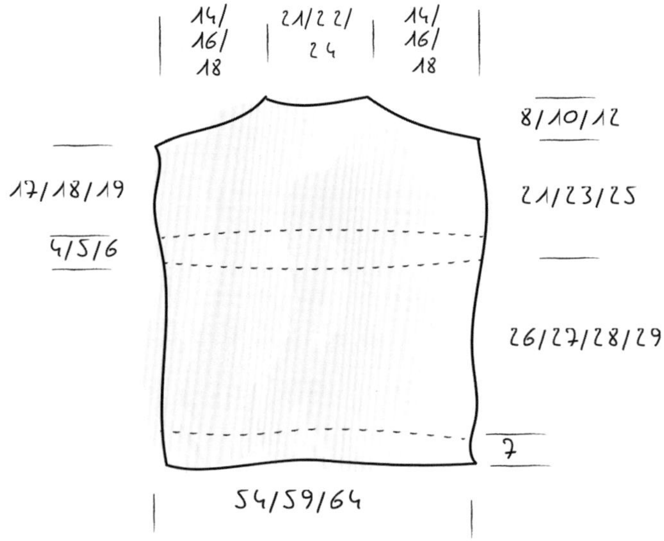

Alle Angaben in cm.

STRUKTURMUSTER

In Rd, ungerade M-Zahl.
1. Rd: Alle M rechts str.
2. Rd: * 1 M rechts, 1 M links im Wechsel str, ab * fortlaufend wdh, enden mit 1 M rechts.
Die 1. und 2. Rd fortlaufend wdh.

In R, ungerade M-Zahl.
1. R (= Hinr): Alle M rechts str.
2. R (= Rückr): * 1 M links, 1 M rechts im Wechsel str, ab * fortlaufend wdh, enden mit 1 M links.
Die 1. und 2. R fortlaufend wdh.

GLATT RECHTS

In Hinr rechte M, in Rückr linke M str.
In Rd alle M rechts str.

RIPPENMUSTER

In R, ungerade M-Zahl.
Hinr: 1 M rechts, 1 M links im Wechsel str, enden mit 1 M rechts.
Rückr: Die M str, wie sie erscheinen.

DOPPELTE RANDMASCHE

Die ersten und letzten beiden M jeder R wie folgt str: 1 M wie zum Linksstr abheben, 1 M rechts.

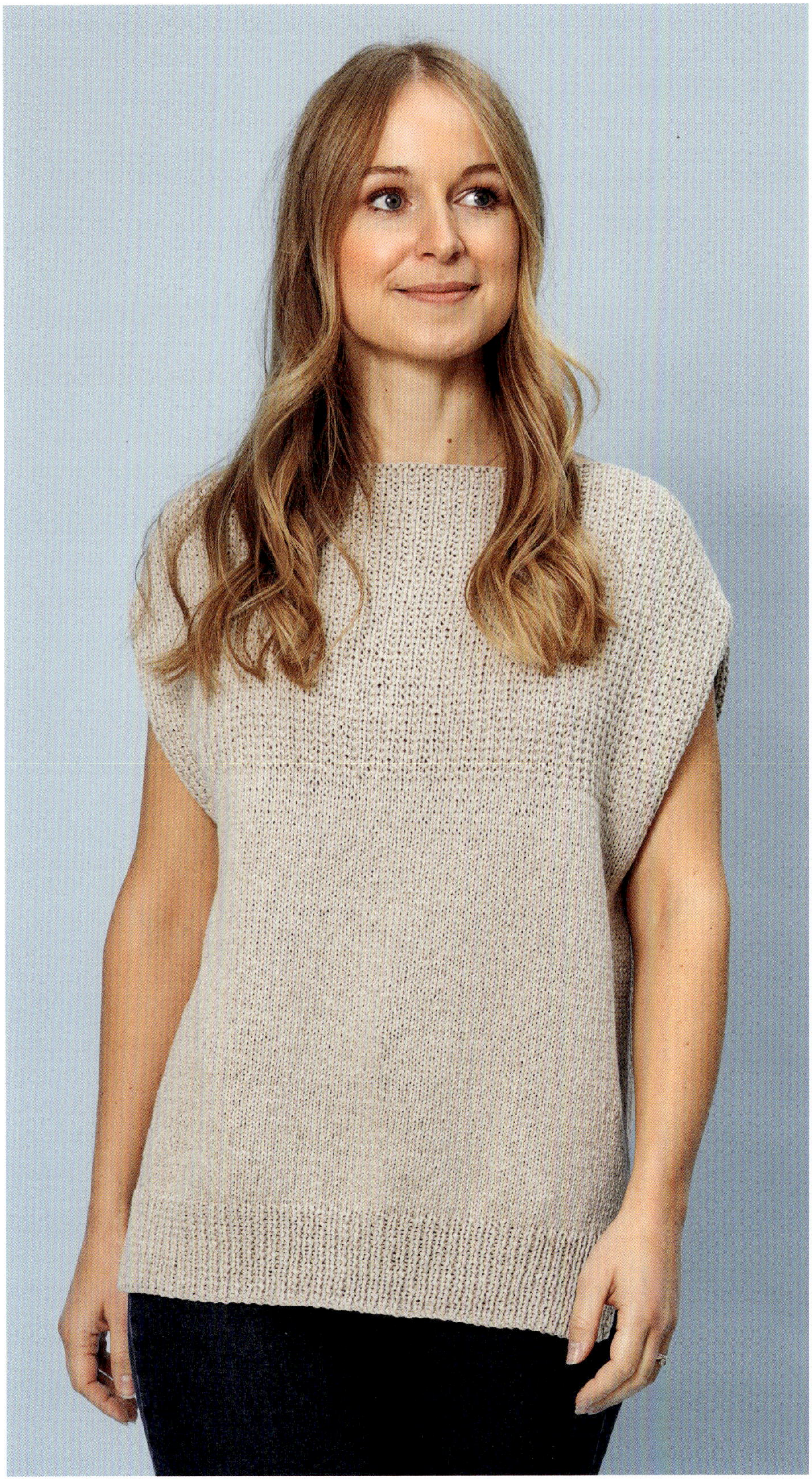

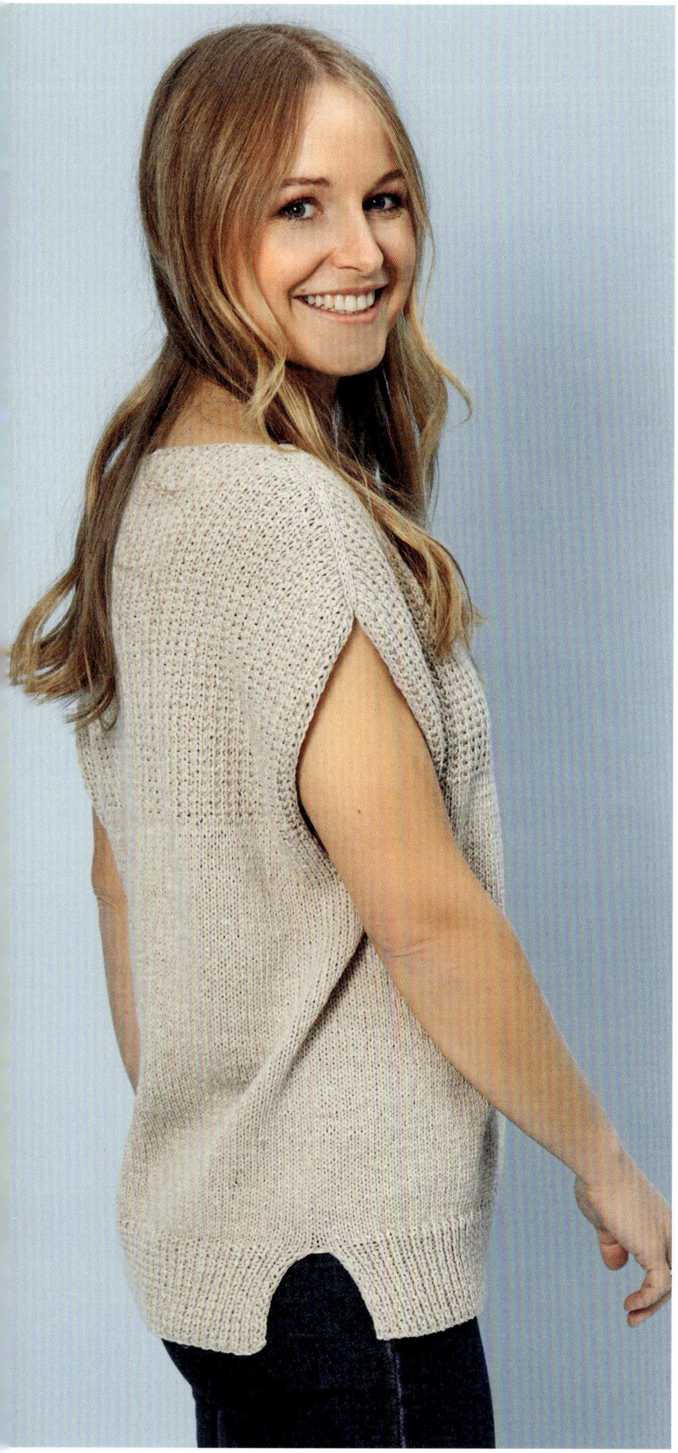

ANLEITUNG

Das Shirt wird von oben nach unten zuerst in Rd, im Bereich der Armausschnitte dann in R, für den Rumpf wieder in Rd und für die unteren Bündchen in R gestrickt.

SCHULTERPASSE

98/102/106 M mit der 60 cm langen Rundstricknd anschl, zur Rd schließen und 1 Rd linke M str, dabei MM einhängen wie folgt: 49/51/53 M links str, MM einhängen, 49/51/53 M links str, MM zur Kennzeichnung des Rd-Wechsels einhängen. Weiter im Strukturmuster in Rd str und M für die Schultern zunehmen wie folgt:

2. Rd: * 1 M rechts, 1 M linksgeneigt zunehmen, bis 1 M vor dem nächsten MM rechts str (= 1. Rd Strukturmuster), 1 M rechtsgeneigt zunehmen, 1 M rechts, MM abheben, ab * noch 1x wdh (= 4 M zugenommen).

3. Rd: * 1 M rechts, 1 M linksgeneigt zunehmen, bis 1 M vor dem nächsten MM 1 M rechts, 1 M links im Wechsel str, enden mit 1 M rechts (= 2. Rd Strukturmuster), 1 M rechtsgeneigt zunehmen, 1 M rechts, MM abheben, ab * noch 1x wdh.

Die 2. und 3. Rd noch 14/17/20x wdh (= 218/246/274 M), dabei nach und nach zu den längeren Rundstricknd wechseln.

OBERES VORDER- UND RÜCKENTEIL

Für den oberen Teil des Rückenteils weiter im Strukturmuster in R str, dafür die Arbeit teilen (= 109/123/137 M je Seite) wie folgt und die MM entfernen: DRdm, bis 2 M vor dem nächsten MM im Strukturmuster str, DRdm, wenden. Die M für das Vorderteil auf einer Hilfsnd stilllegen. In R über eine Länge von 17/18/19 cm str. Weiter glatt rechts in R mit DRdm über eine Länge von 4/5/6 cm str. Die M nach einer Rückr stilllegen und über die zuvor stillgelegten M des Vorderteils ebenso str. Die Arbeit wenden.

UNTERES VORDER- UND RÜCKENTEIL

Weiter für den Rumpf in Rd glatt rechts str, dafür MM zum Kennzeichnen des Rd-Wechsels einhängen und wie folgt str: Die DRdm rechts str, die M bis zur nächsten DRdm rechts str, die DRdm rechts str, einen weiteren MM einhängen, dann über die stillgelegten M ebenso str. Weiter in Rd glatt rechts bis zu einer Höhe von 26/27/28 cm, gemessen ab Rd-Schluss nach dem Armausschnitt str. Für die unteren Bündchen die Arbeit erneut an den MM teilen und die Bündchen im Rippenmuster mit DRdm über eine Höhe von 7 cm str. Alle M abk. Das andere Bündchen ebenso str.

FERTIGSTELLEN

Alle Fäden vernähen. Das Top anfeuchten, auf die in der Skizze angegebenen Maße spannen und trocknen lassen.

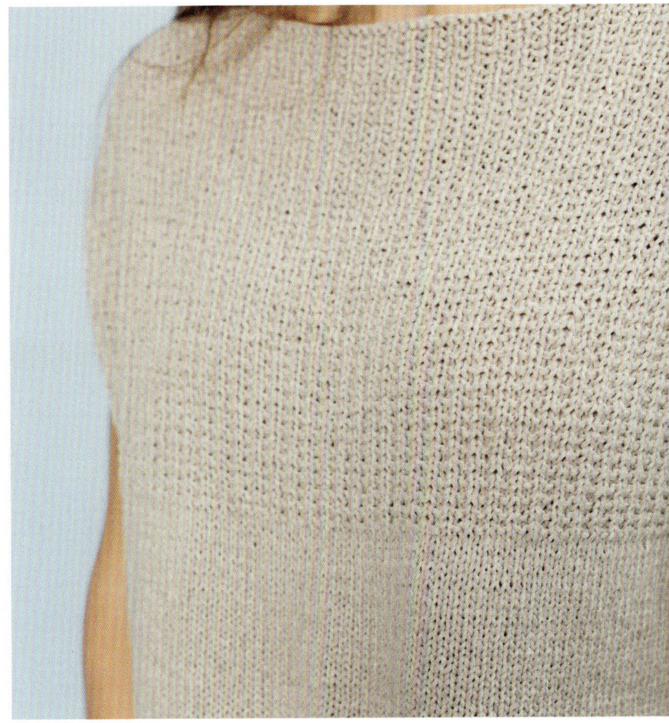

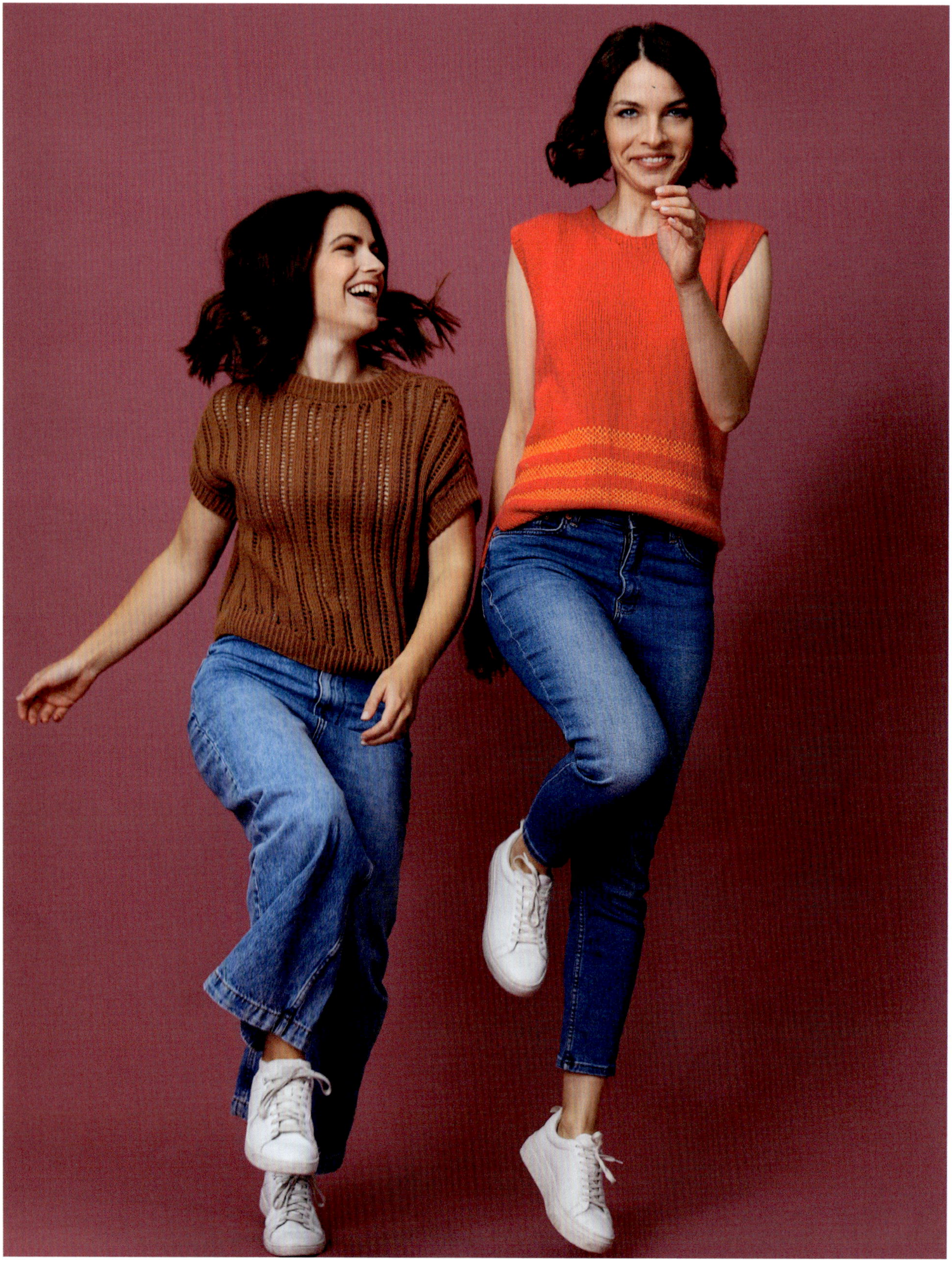

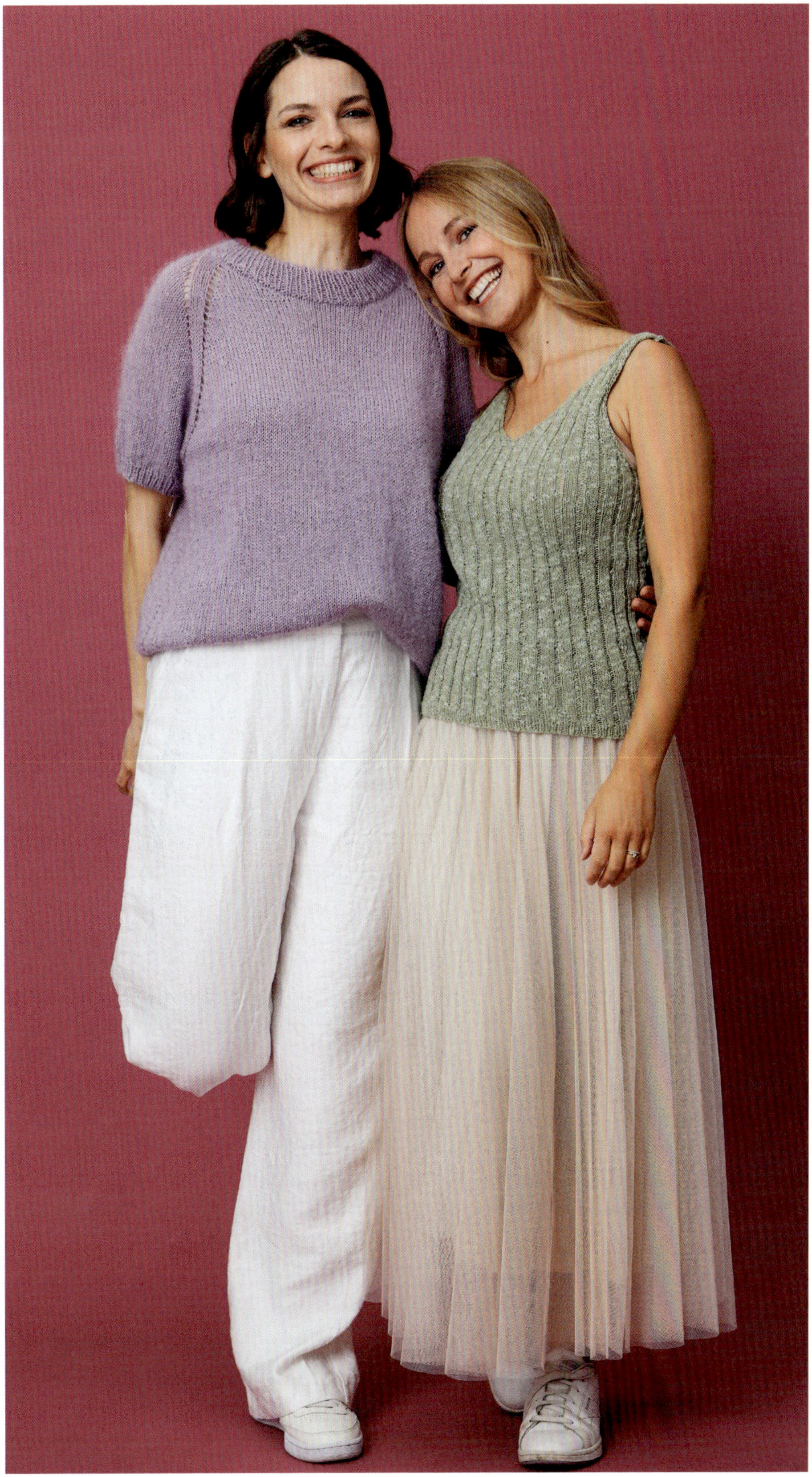

TECHNIKEN

ITALIENISCH ABKETTEN

Den Faden etwa 4-mal so langwie die abzukettende Breite abschneiden und eine Wollnadel mit stumpfer Spitze einfädeln.

1 Die Wollnadel wie zum Rechtsstricken (von links nach rechts) in die 1. Masche einstechen, ...

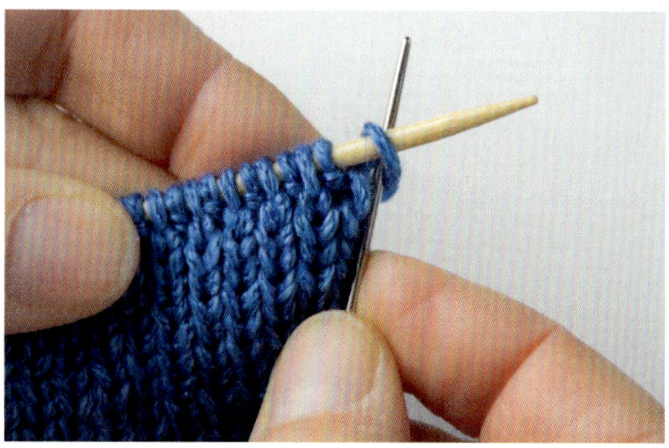

... den Faden durchziehen und die Masche von der linken Nadel heben.

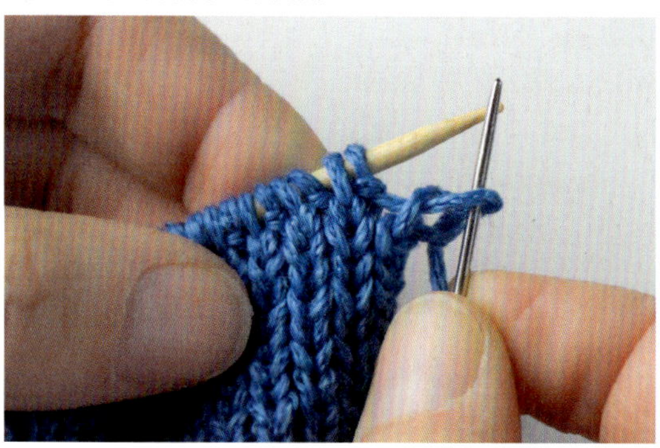

2 Die Wollnadel wie zum Linksstricken (von rechts nach links) in die 2. Masche (= rechte Masche) der linken Nadel stechen und durchziehen.

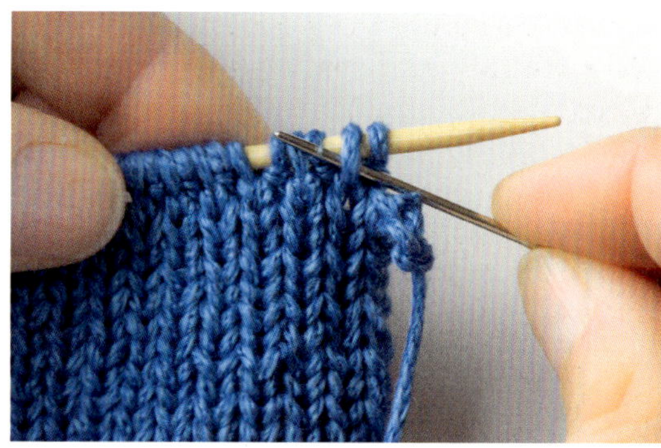

3 Die Wollnadel wie zum Linksstricken (von rechts nach links) in die 1. Masche (= linke Masche) der linken Nadel stechen, ...

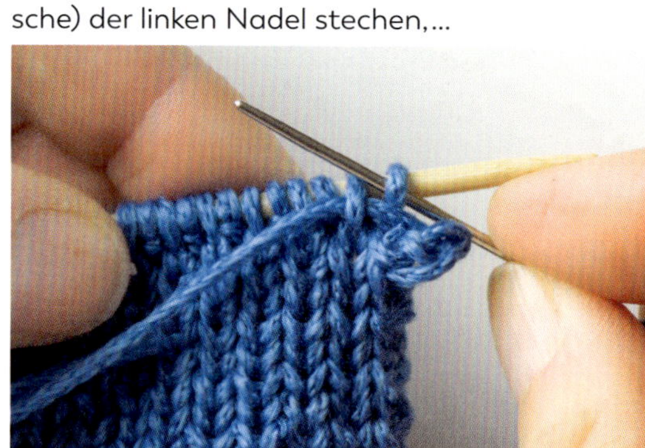

... den Faden durchziehen und die Masche von der linken Nadel heben.

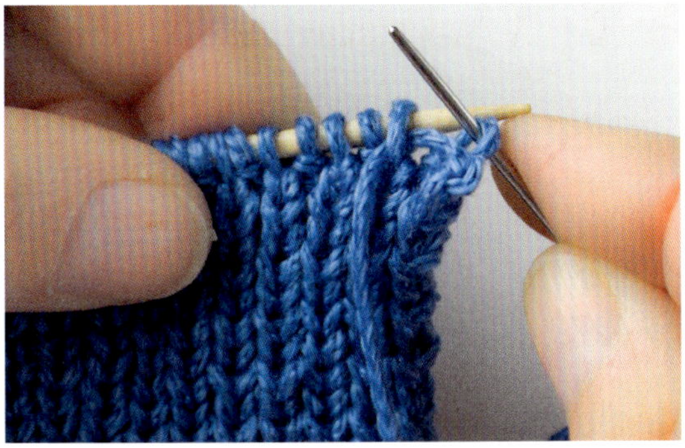

4 Die Wollnadel zwischen den beiden nächsten Maschen von hinten nach vorne durchstechen, dann durch die 2. Masche (= linke Masche) wie zum Rechtsstricken einstechen und zur Rückseite durchziehen, dabei die Masche noch auf der linken Nadel belassen.

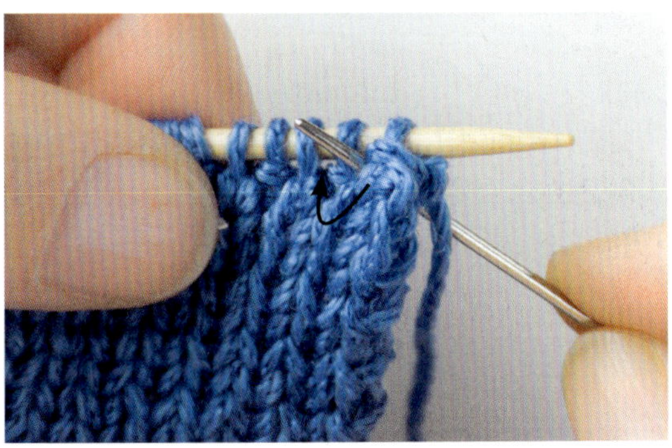

Die Schritte 1–4 fortlaufend wiederholen, dabei auf eine gleichmäßige Fadenspannung achten.

ABKÜRZUNGEN

abk = abketten
anschl = anschlagen
arb = arbeiten
DRdm = doppelte Randmasche
Fb = Farbe
Hinr = Hinreihe(n)
LL = Lauflänge
M = Masche(n)
MM = Maschenmarkierer
Nd = Nadel(n)
R = Reihe(n)
Rd = Runde(n)
Rdm = Randmasche(n)
Rückr = Rückreihe(n)
str = stricken
U = Umschlag
wdh = wiederholen

BUCHEMPFEHLUNGEN FÜR DICH

Noch mehr kreative Bücher zum gleichen Thema gesucht?

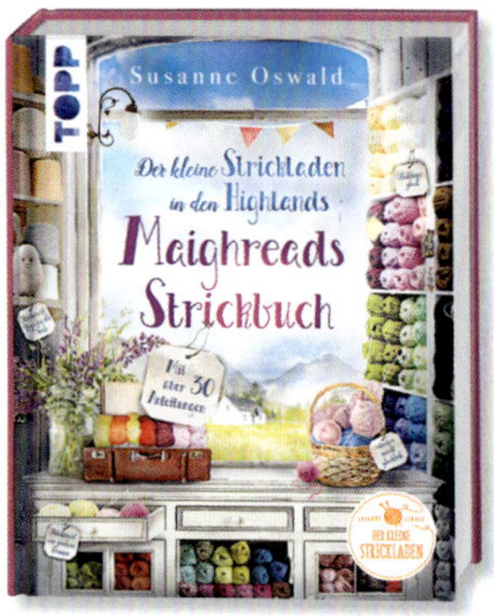

ISBN 978-3-7358-7032-2

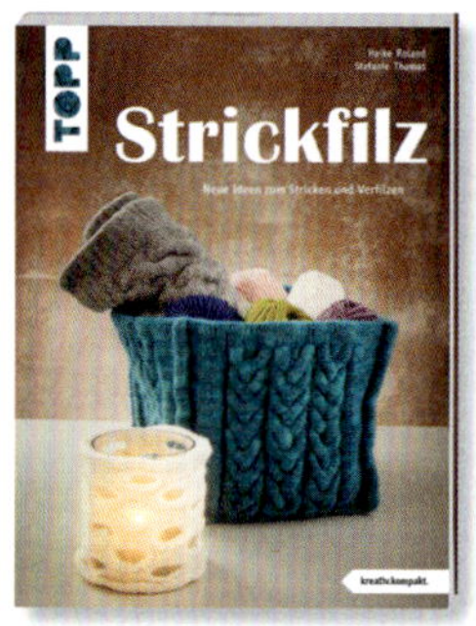

ISBN 978-3-7358-7042-1

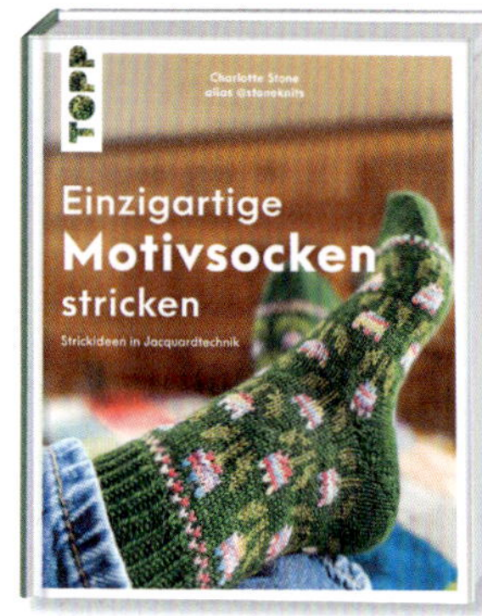

ISBN 978-3-7358-7041-4

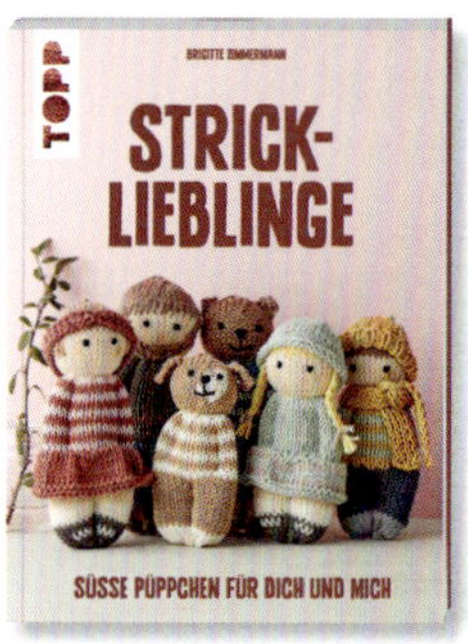

ISBN 978-3-7724-6858-2

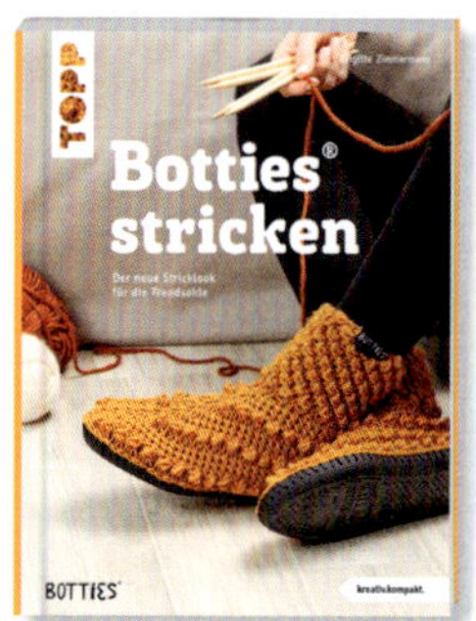

ISBN 978-3-7358-7019-3

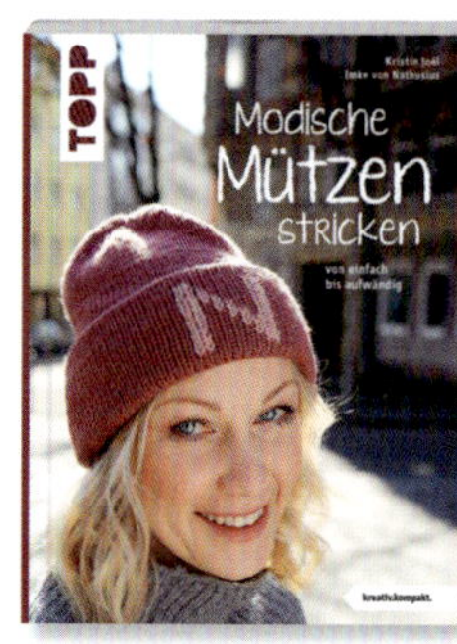

ISBN 978-3-7358-7026-1

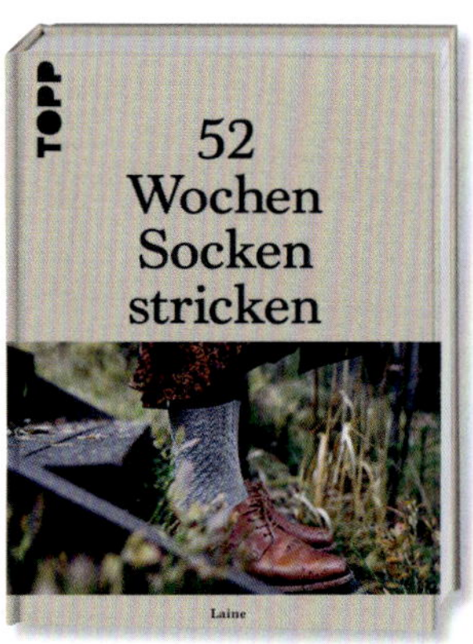

ISBN 978-3-7724-4871-3

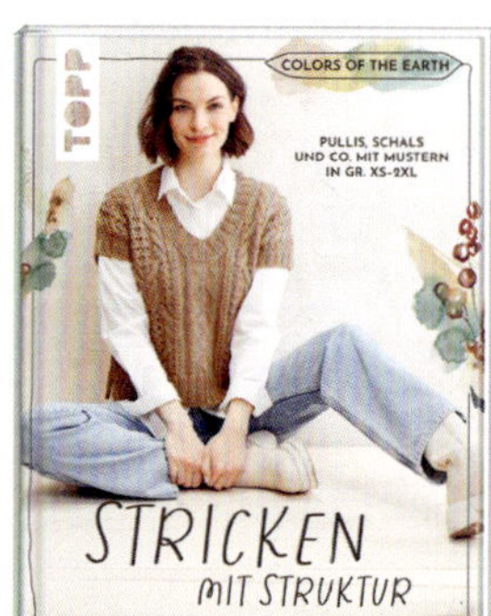

ISBN 978-3-7358-7014-8

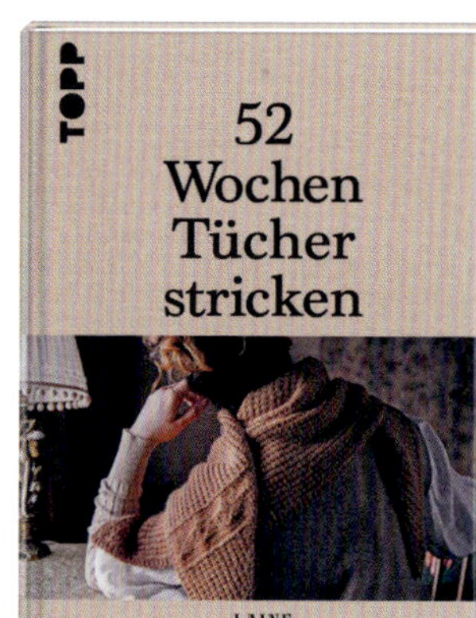

ISBN 978-3-7358-7009-4

Noch mehr Kreativ-Bücher findest du auf www.TOPP-kreativ.de

ENTDECKE ...

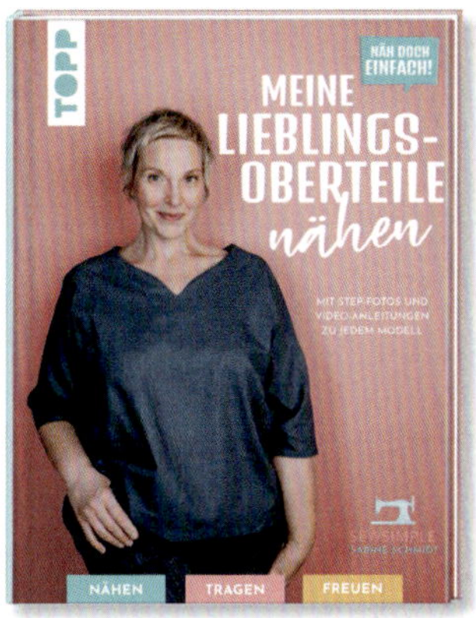

ISBN 978-3-7037-7

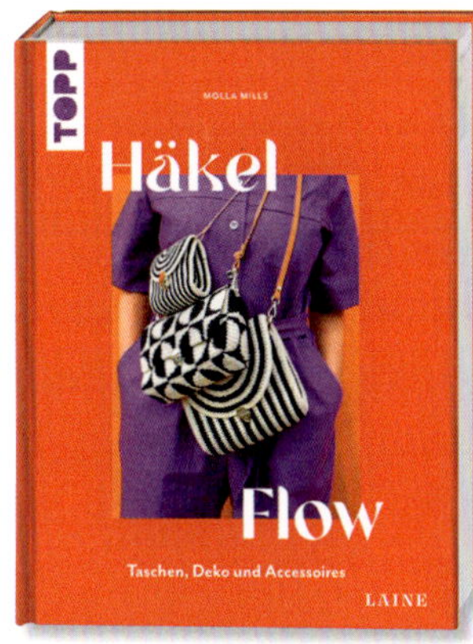

ISBN 978-3-7031-5

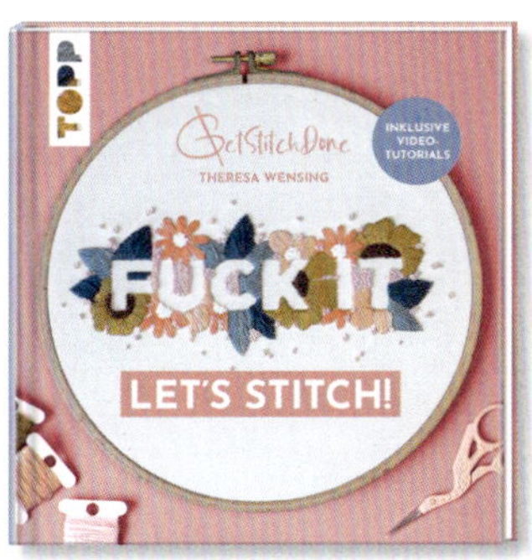

ISBN 978-3-7035-3

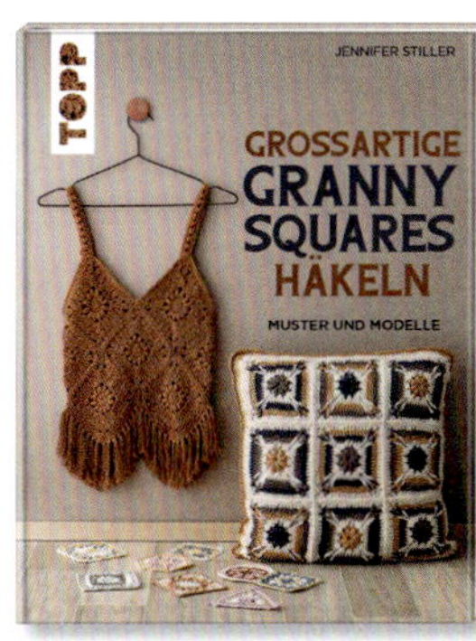

ISBN 978-3-7043-8

#TOPPprojekt

Die eigene Kreativität zeigen: TOPPprojekt mit anderen Kreativen teilen und Teil der Gemeinschaft werden.

DIY-begeistert und auf Instagram? Dann unbedingt mitmachen! Hier gibt's Tipps und Feedback zu den eigenen Projekten. Außerdem verlosen wir jeden Monat ein Überraschungspaket. Um am Gewinnspiel teilzunehmen, einfach ein Bild vom Kreativ-Projekt aus unseren Büchern mit #TOPPprojekt posten und unserem Account @frechverlag folgen. Mehr Infos auf TOPP-kreativ.de/TOPPprojekt

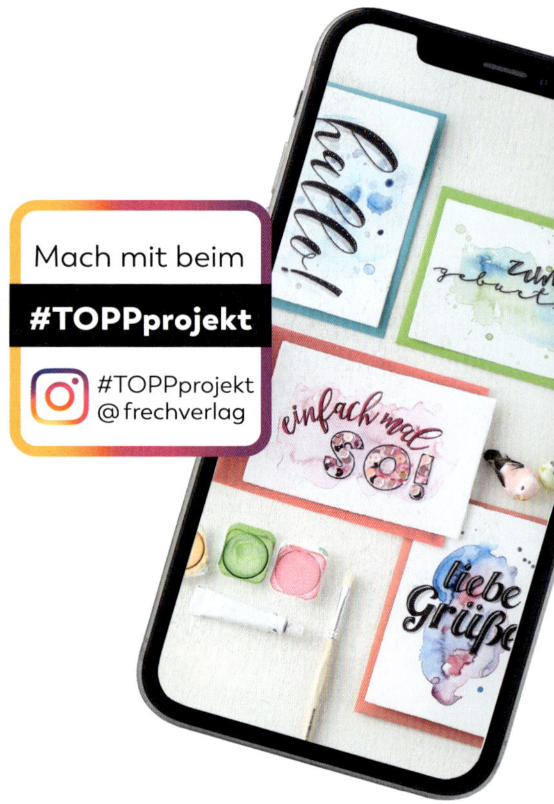

Webseite

Auf TOPP-kreativ.de gibt es ein riesiges Angebot von über 1.000 Kreativbüchern, Sets und mehr zu entdecken.

Newsletter

Immer als Erstes von unseren Neuheiten und Sonderaktionen erfahren: TOPP-kreativ.de/newsletter

Instagram

@frechverlag

Pinterest

pinterest.com/frechverlag

Facebook

facebook.com/frechverlag

DigiBib

Hier gibt es zusätzlich zu einigen unserer Bücher digitale Extras, wie Video-Tutorials, Plotter-Dateien, Vorlagen, Übungsblätter und vieles mehr. Einfach im Impressum eines TOPP-Buchs nachschauen, ob dort ein Code vorhanden ist, und exklusive Inhalte freischalten. TOPP-kreativ.de/digibib

Youtube

youtube.com/frechverlag

WER WIR SIND, WIE WIR ARBEITEN, WAS WIR LIEBEN …

Mehr über uns und unsere Arbeit und immer mit den neuesten Informationen versorgt schnell und einfach auf Instagram, Facebook und Pinterest.

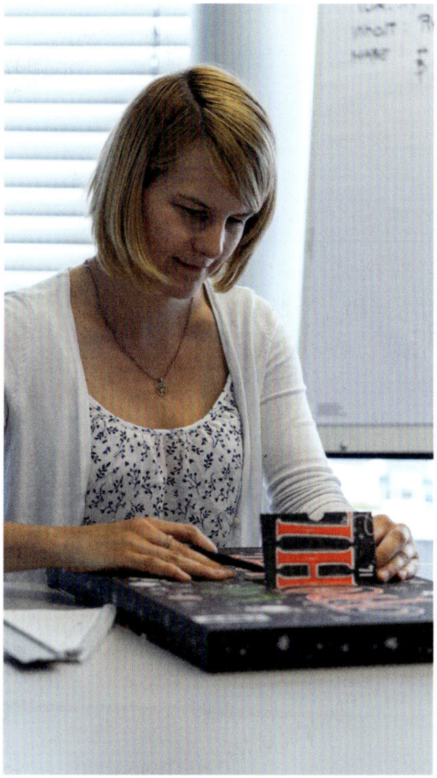

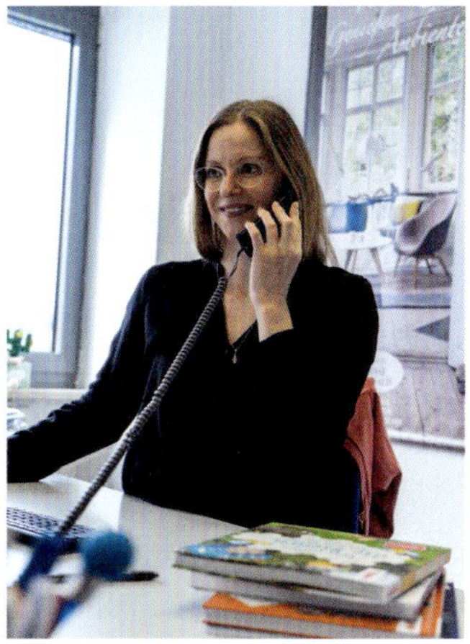

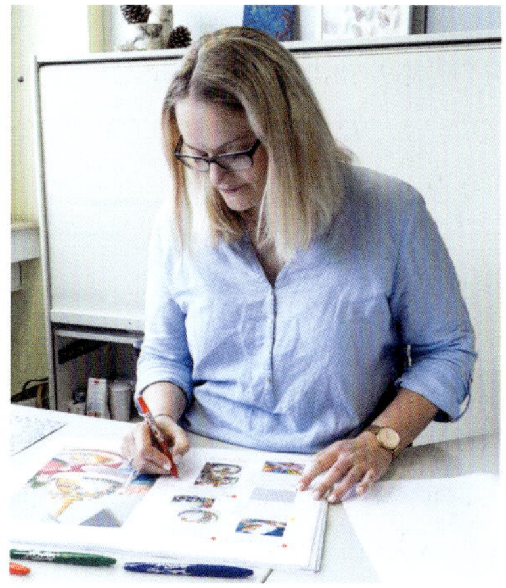

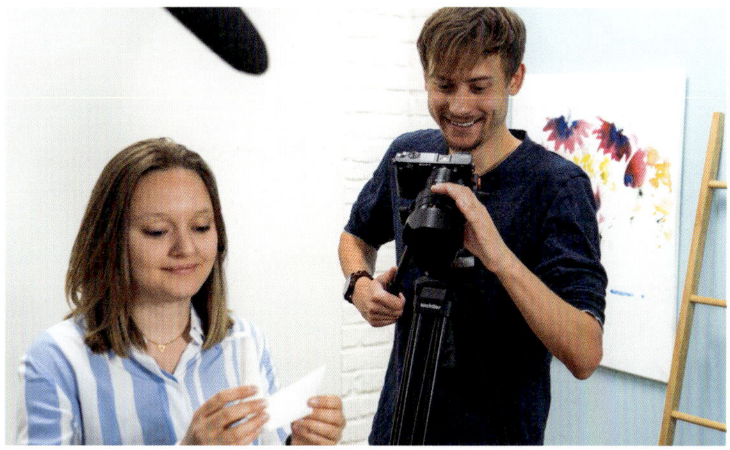

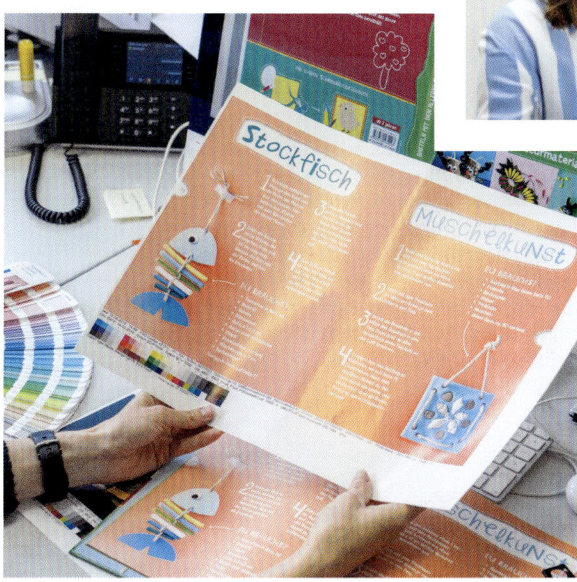

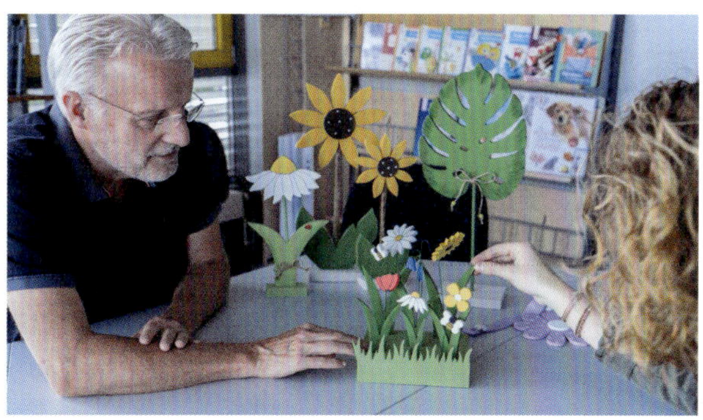

Alle News, alle Infos und alle Links findest du auf www.TOPP-kreativ.de

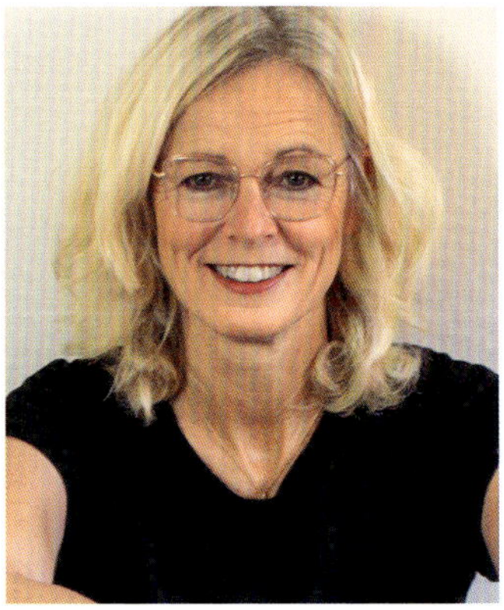

ÜBER DIE AUTORIN

Brigitte Zimmermann strickt und häkelt für ihr Leben gern und hat das große Glück, ihr Hobby zum Beruf gemacht zu haben. Nach 15 Jahren als Produktentwicklerin und -designerin im Bereich Handstrickgarne entwickelt sie nun unter dem Pseudonym „knitty-gitti" eigene Designs, entwirft Strickteile für Magazine, leitet Workshops und Strickkurse und bietet Lektorate an. Sie hat drei erwachsene Kinder und lebt mit ihrem Mann in Ostwestfalen.

Ein ganz herzliches Dankeschön an Lana Grossa, Lang Yarns, Lamana, Schoeller Handstrickgarne GmbH und Buttinette für die großzügige Garnunterstützung, an Elke Becker für die Unterstützung beim Stricken und den netten Austausch, an das Studio lichtpunkt für viele schöne Fotos, an meine Lektorin Katrin Akyol für viele gute Anregungen und an Claudia Mack, die als Produktmanagerin immer ein Auge auf das Große und Ganze hatte.

FOTOS: frechverlag GmbH, 70839 Gerlingen, lichtpunkt, Michael Ruder, Stuttgart
ILLUSTRATIONEN: Tannaz Afschar
PRODUKTMANAGEMENT: Claudia Mack
LEKTORAT: Katrin Akyol, Leinfelden-Echterdingen
COVER UND LAYOUT: Eva Hook
GESTALTUNG: Petra Theilfarth
DRUCK: Neografia, Slowakei

2. Auflage 2023

ISBN 978-3-7358-7039-1 • Best.-Nr. 27039

MIX Papier | Fördert gute Waldnutzung FSC® C020353

Penguin Random House Verlagsgruppe
FSC® N001967